マドリードやバルセロナで食べ歩くためのスペイン語

おいしいスペイン語

高垣 敏博

東京外国語大学名誉教授

IBCパブリッシング

朝食が楽しめるバル

カフェ・コン・レチェと
パンの軽い朝食

スペインの1日

朝食にはじまり、午前の軽食、午後2時頃から遅めのランチ、夕方にまた軽食、そして、午後10時頃からの遅い夕食と、スペインでは1日に5回食事を楽しむ。

昼食はレストランで

軽食の定番クロワッサンサンド

混み合う午後のバル

オフィス街のバル

テラスでひと休み

ボリュームたっぷりのスイーツ

店頭に出された昼定食のメニュー

スペインの地方料理

スペイン料理は、地方ごとに地理的な特色が楽しめる。緑豊かな北部沿岸地方は魚介類が豊富。広大な内陸部は乾燥した厳しい気候のために、冬の煮込み料理や羊、豚、牛などの肉料理が中心。温暖な地中海沿岸地方は海の幸や生ハム、オリーブ、米や新鮮な果物が名産。ユネスコの無形文化遺産として『地中海の食事』にも登録されている。

❶ コシード・モンタニェス

アストゥリアス Asturias
カンタブリア Cantabria
ガリシア Galicia
ラ・リ La R
カスティーリャ・レオン Castilla y Leon
マドリー Madrid
カスティーリャ・ラ・マンチャ Castilla La Manch
エストレマドゥーラ Extremadura
アンダルシア Andalicia

❷ ファバダ (p.99)

❸ リンゴ酒の酌人 (p.107)

❹ タコのガリシア風 (p.99)

❺ アルバリーニョの白ワイン (p.105)

❻ リオハ (p.102, 104)

❼ 子豚の丸焼 (p.87)

❽ リベラ・デル・ドゥエロ (p.102, 104)

❾ 生ハム (p.136, 138)

❿ 小魚のフライ (p.99)

⓫ ガスパチョ (p.55, 99)

⓬ シェリー (p.102, 10

サンタ・アナ広場のビヤホール　　王宮前オリエンテ広場

サグラダファミリアを眺めながらメリエンダ（軽食）

マドリードの老舗レストラン

そそられる
ワインの看板

りんご酒の
酌人の看板

街歩き、食べ歩き

スペインの人は歩くのが大好きだ。散歩を楽しみ、バルでも立ったままおしゃべり。同じようにのんびり散策しながら街歩きを楽しむ。どこからともなくオリーブオイルとニンニクの香ばしい匂いがただよってきて、食欲が刺激される。もちろんバルで一休みだ。

バルのカウンターにさまざまな小皿料理（タパス）が並ぶ

ワインがうまいバル

バルセロナの元漁師町
バルセロネタでシーフード

バルセロナの市場

バルセロナを中心とするカタルーニャ地方はグルメの最先端。地理的に山と海にはさまれ、両方の幸に恵まれる。市場には新鮮な食材があふれている。

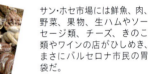

サン・ホセ市場には鮮魚、肉、野菜、果物、生ハムやソーセージ類、チーズ、きのこ類やワインの店がひしめき、まさにバルセロナ市民の胃袋だ。

はじめに

　この本を手に取られた方は、もともとスペイン料理が大好きか、食べることに関心をお持ちか、旅行などでスペインへ行って来られたスペイン料理経験者ではないでしょうか。あるいは、スペイン語を勉強して、これからマドリードやバルセロナを食べ歩いてみようと計画中なのかもしれませんね。まさに、そのような読者を頭に浮かべながら作ったのがこの本です。

　スペイン語研究が私の専門ですが、これまで、何度もスペインに滞在したり、旅行したりしました。食べること（もちろん飲むことも）が楽しみで、機会を見つけては、バルでタパスをつまみ、レストランで定食を食べ、あるいは市場で日々の食材を買ったり、友人宅の食卓に招かれたりしました。そんなおいしい体験をみなさんにぜひ共有していただき、できれば、それを基礎的なスペイン語で言えるようになっていただければと考えました。この『おいしいスペイン語 ¡Que aproveche!』が、いわばスペインの「食」のガイドブックと「食」のスペイン語入門を兼ねることをめざしました。スペイン語を練習しながら、各課ごとに取り上げる食のテーマを楽しんでいただければと思います。

　本書の写真は大半が筆者によるものですが、西村君代、エレナ・デ・ミゲル、フリオ・ペレス、妻由美子のみなさんのご協力によるものも含まれています。同僚の梅崎かほりさんにはボリビアの食についてコラムをお願いしました。また、IBCパブリッシング編集部のみなさんには、本書の旧版を色彩豊かで楽しいまったく新しい本に蘇らせていただきました。改めてお礼申し上げたいと思います。

　なお巻末には、スペイン人のラウラ・リバスさんから実際に教わりながら作った代表的なスペイン料理のレシピを付け加えておきました。ぜひチャレンジしてみてください。

　それでは ¡Que aproveche!（おいしく召し上がれ！）＊ p. 101 参照

著　者

この本の使い方

1. 各課は6ページで構成されています。
2. 最初の見開き2ページで、テーマについての典型的な会話を学びます。1ページ目のスキットのスペイン語を読んで、その内容を2ページ目の 語句と表現 で確認してみてください。重要な表現はイタリック体になっています。
3. 3、4ページ目の スペイン食べ歩き では、さまざまな食のテーマが取り上げられます。じかに見聞きしたり、味わったり、調べたりした観察にもとづくエッセーです。著者の個人的な考えや感想が出すぎているかもしれませんがご容赦ください。
4. 5ページ目は 展開 です。その課のテーマに関連する応用的なやりとりでさらにスペイン語力をアップしてください。
5. 6ページ目は 食の単語力 で、見出しに関連する基本単語を収集してあります。現場でも利用できますが、まとめて覚えてしまってもいいでしょう。
6. 本書全体は6部構成になっています。第1章「スペインの食卓」では日常の食事について、第2章「外で食べる」は主として、レストランやバルに出かける外食の場面を取り上げています。第3章「各地の料理」ではスペイン各地の名物料理を巡ろうと思います。なお、3–5節では同じスペイン語圏であるラテンアメリカの「食」について簡単に紹介しています。第4章「買い物・食材」では市場や食材の店で買い物をする場合の表現を中心に学びます。第5章「キッチンで」は、家庭で料理をつくるようすをイメージしてください。そして、最後のレシピ編でスペイン料理4種にチャレンジすることができます。
7. この本は最初から少しずつ勉強していく語学書ではありません。どの課から読み進めていただいてもかまいません。

おいしいスペイン語
¡Que aproveche!

目 次

はじめに　i
この本の使い方　ii

1 スペインの食卓

1-1 軽い朝食 2
　食の単語力 朝食

1-2 食事の時間 8
　食の単語力 １日の食事

1-3 昼食は職場で 14
　食の単語力 ノンアルコールの飲み物

1-4 ファーストフード 20
　食の単語力 食べ物の味・状態を表す形容詞

1-5 飲みに出かける 26
　食の単語力 飲酒

2 外で食べる

2-1 バル／カフェテリア 34
　食の単語力 飲食店

2-2 タパスを楽しむ 40
　食の単語力 代表的なタパス

2-3 レストランを予約する 46
　食の単語力 レストランの前菜

2-4 レストランにて (1) 52
　食の単語力 １皿目の料理

2-5 レストランにて (2) 58
　食の単語力 肉と肉料理

●目次

2-6 レストランにて (3)..................64
食の単語力 デザート

2-7 日替り定食........................70
食の単語力 魚料理

2-8 食後の1杯........................76
食の単語力 アルコール飲料

❸ 各地の料理

3-1 マドリードの名物料理................84
食の単語力 野菜

3-2 バルセロナの名物料理................90
食の単語力 豆／きのこ／穀物／ナッツ類

3-3 地方の名物料理....................96
食の単語力 バルの決まり表現

3-4 スペインのワイン.................. 102
食の単語力 ワイン

3-5 ラテンアメリカ食べ歩き............. 108

❹ 買い物・食材

4-1 サン・ホセ市場にて............... 118
食の単語力 鮮魚店

4-2 デパートで...................... 124
食の単語力 ショッピング

4-3 果物を買う...................... 130
食の単語力 果物

4-4 ハムやチーズを買う................ 136
食の単語力 ハム／チーズ

4-5 調味料 142
　食の単語力 調味料／香辛料

5 キッチンで

5-1 大みそか 150
　食の単語力 食事で使う表現
5-2 パーティー 156
　食の単語力 食器／食卓用品
5-3 料理にチャレンジ 162
　食の単語力 調理器具／家電／計量単位／料理の動詞表現①

● レシピ編

1 ジャガイモのトルティーリャ (Tortilla de patatas)
　.................................. 170
　食の単語力 料理の単語
2 海の幸のパエリャ (Paella de mariscos) ... 176
3 ニンニクスープ (Sopa de ajo) 182
　食の単語力 料理の動詞表現②
4 アロス・コン・レチェ (Arroz con leche) ... 188
　食の単語力 料理の動詞表現③

レシピの文法 192
索引 194

1

スペインの食卓

1-1 軽い朝食

Camarero: Buenos días, ¿qué desean?

Julio: Quiero sólo un café.

Hiro: Yo quiero un zumo de naranja, huevos revueltos, tostadas y café con leche.

Julio: Pero, ¡qué hambre tienes, Hiro!

語句と表現

camarero 男	ウェイター
buenos días	《挨拶》おはようございます
desean (< desear「願う」現在3人称複数形)	あなた方は望む
solo	〜だけ
café 男	コーヒー
quiero (< querer「望む」現在1人称単数形)	私は望む
zumo de naranja 男	オレンジジュース
tienes (<tener「持つ」現在2人称単数形)	君は持つ
hambre 女	食欲
huevo 男	卵
huevos revueltos 男(複)	スクランブルエッグ

1-1 軽い朝食

訳

ウェイター： おはようございます。何をお持ちしましょう？

フリオ： コーヒーだけにするよ。

ヒロ： ぼくはオレンジジュース、スクランブルエッグ、トーストとカフェオレにします。

フリオ： それにしても食欲あるね、ヒロ。

カフェテリアやバルでも朝食が食べられる

tostada ⑨	トースト
café con leche ⑨	カフェオレ
pero	しかし

¿Qué desean（ustedes）? （注文を聞く）何にいたしましょうか？
  * ¿Qué desea（usted）?（客が一人の場合 usted で）

Quiero solo un café. コーヒーだけいただきます。
  * 主語 yo が省略されている。

tener hambre お腹がすく

　Tengo hambre. ぼくはお腹がすいた。

スペイン食べ歩き

● 軽い朝食

　スペイン人の朝食は普通とても軽めだ。コーヒーと菓子パン(bollo)、ビスケット(galleta)、マドレーヌ(magdalena)やトースト(tostada)などである。コーヒーだけですます人も少なくない。ホテルで朝食を楽しみにしている旅行者には少しさびしい。ウェイターがコーヒーを入れてくれるが、あとはテーブルにあらかじめ置かれたパンやビスケット類を適当に選んで食べるだけ。卵料理やハム類、ベーコンなどは特別に注文しないかぎり持ってきてくれない。

　その代わり、11時頃にコーヒー・ブレイク(un café)をとる。仕事を少し休んで近所の店でサンドイッチやトルティーリャなどをちょっとつまむ。これで遅い昼食までもたせるのだ。

　朝ごはんが軽めになる理由は他にもある。スペインでは夕食の時間が極端に遅く、午後10時前後だ。就寝時間も遅くなる。そのため早朝にはまだ食欲がわかないのだろう。

スペイン風オムレツ tortilla

1-1 軽い朝食

● マドリードの朝食

スペインの朝食にも地方色がある。カタルーニャ地方ではパンにオリーブオイル(aceite de oliva)とトマト(tomate)を塗るパン・コン・トマテ(pan con tomate、カタルーニャ語では pa amb tomaquet)がよく知られている。一方、マドリードの朝はホットチョコレートとチュロ(chocolate con churros)で始まるといわれる。濃厚なホットチョコレートをスプーンですすったり、棒状の揚げパンのチュロを浸したりして食べるのが伝統的な朝食だ。

ホットチョコレートとチュロ

● Bufé libre バイキング

最近はホテルによってはバイキング形式(bufé libre)の朝食が出されるようになってきた。テーブルに置かれた大皿から、ハムやソーセージ類、チーズ、果物、ジュース、シリアルにスープ、何種類ものパン、デザートまで取り放題。どれもおいしいので朝からたくさん食べてしまうと、1日のメインの食事である昼食時になっても食欲がわいてこないということになりかねないので要注意だ。

朝食バイキング

展開

ホテルの朝食

ウェイターがテーブルにやってきたら、部屋番号（número de habitación）を告げる。ウェイターがポットからコーヒーとミルクを注いでくれる。

Camarero: **Buenos días. ¿Qué número de habitación tienen?**

ウェイター： おはようございます。お部屋番号は何番でしょうか？

Marta y Aki: **302.**

マルタとアキ： 302 です。

Camarero: **Gracias. ¿Quieren café?**

ウェイター： ありがとうございます。コーヒーになさいますか？

Marta: **Yo sí, con leche, por favor.**

マルタ： 私はミルク入りでお願いします。

Aki: **Para mí, un té con limón, por favor.**

アキ： 私はレモンティーをお願いします。

コーヒーもミルクも、ちょうどいい量のところで Ya, gracias.「もうそれで結構です」と合図して、自分の好みの濃さに調節しましょう。

朝はカフェ・コン・レチェ

食の単語力

朝食

スペインの朝食に欠かせない単語を覚えよう。

pan 男	パン
panecillo 男	小型のフランスパン
bollo 男	菓子パン
croissant/cruasán 男	クロワッサン
pan de molde 男	食パン
barra de pan 女	バゲット
tostada 女	トースト
magdalena 女	マドレーヌ
galleta 女	ビスケット
bizcocho 男	カステラ、パウンドケーキ
churro 男	チュロ（小麦粉の生地を絞り出し、油で揚げた菓子パン）
mantequilla 女	バター
mermelada 女	ジャム
copos de cereales 男 複	シリアル
yogur 男	ヨーグルト
leche 女	ミルク
huevo 男	卵
huevo revuelto 男	スクランブルエッグ
huevo frito 男	目玉焼き
huevo cocido [duro] 男	ゆで卵
café 男	コーヒー
café con leche 男	カフェオレ
café cortado 男	コルタード（少しミルクを入れたコーヒー）
té 男	紅茶
té con limón [leche] 男	レモン［ミルク］ティ

カフェ・コン・レチェ

1-2 食事の時間

Julio: ¿Ya has comido?

Hiro: Sí, pero comiendo mucho al mediodía, tengo sueño. Además, la cena es demasiado tarde para mí.

Julio: Bueno, puedes merendar algo.

語句と表現

has comido（現在完了 < comer）	君は食べた
comiendo（現在分詞 < comer）	食べると
al mediodía	正午に
sueño 男	眠気
además	その上に
cena 女	夕食
demasiado	あまりにも
tarde	遅い
para mí	私には
bueno	それでは
puedes (< poder)	〜できる
merendar　軽食をつまむ（< merienda 女　軽食）	

クロワッサンのサンド

1-2 食事の時間

> **訳**
>
> フリオ： もうお昼食べたの？
>
> ヒロ： うん、でもお昼にたくさん食べたから、眠くなるよ。しかも、夕食はぼくには遅すぎるよ。
>
> フリオ： それなら、何か軽いものをつまめばいいよ。

バルで昼食

---

algo　　　　　何か

---

tener sueño　眠い

¿Tienes sueño?—Sí, tengo mucho sueño.
眠いの？－うん、とても眠いよ。

ser tarde　遅い

Ya es tarde.　もう遅い。

puedes merendar algo　軽くつまむこともできるよ

Podemos cenar en este restaurante.
このレストランで食べてもいいね。

スペイン食べ歩き

● 食事の時間

　スペインを旅したり、生活し始めると、すぐに毎日の食のリズムの違いにとまどう。朝昼晩の食事の時間帯が違うこと、それにより1日の時間配分が大きく異なることに気がつく。朝食(el desayuno)の時間はどこでも同じだが、1日のメインの食事である昼食(la comida)は2時前後と遅い。3時頃になって食べる人も少なくない。レストランも1時半ぐらいに行くとまだ準備中だ。正午前にコーヒーブレイク(café)をとっておく。その時間帯にはバルは、飲み物や軽食をとる人たちであふれかえる。

　昼食(comida)は家庭でも、レストランでもゆっくりと時間をかけて、たっぷり食べる。その後、ふたたび職場にもどる人も多い。まだ10時頃の夕食(cena)までには時間がある。そこで夕方、軽食(merienda)に出かける。こうして、1日に5度の食事ということになる。

朝のコーヒーブレイク

● ナイトライフ

　都会のナイトライフもまた大切な生活の一場面だ。夕食も遅いが、その後にさらに社交が控えている。飲みに出かける（salir de copas）こともそうだが、映画（cine）や劇（teatro）、コンサート（concierto）やショー（espectáculo）、ディスコ（discoteca）など、午後10時を過ぎてから始まることもめずらしくない。深夜まで楽しんでふたたび翌朝には元気よく出勤・登校していく。タフでないとスペイン人はつとまらない。

マドリードのソル広場

　マドリードの中心部トリブナル（Tribunal）というところに数ヵ月住んだことがある。若者たちでいつもにぎわうエリアだ。近くに有名なディスコ（discoteca）があった。木曜日の夜から週末にかけて、しだいににぎやかになってゆくのが手に取るようにわかる。若者から年配までさまざまな世代の男女が次々にやってくる。朝の6時になってやっと営業が終わり、朝が白み始めた頃、人の群れが去り静けさが戻ってきたのを思い出す。

展開

昼食は2時から

　正午頃になると空腹になるが、レストランは2時まで開かない。何かつまんで待つことになる。

バル

Marta: **¿Tomamos un café?**
マルタ： コーヒーでも飲もうか？

Aki: **Sí, pero tengo hambre. ¿No comemos en este restaurante?**
アキ： うん、でもお腹が空いたわ。このレストランでお昼にしない？

Marta: **Es un poco pronto, Aki. Abren a las dos.**
マルタ： アキ、ちょっと早すぎるよ。2時開店なの。

Aki: **Vale, tomamos algo en ese bar.**
アキ： わかったわ。そのバルで何かつまもう。

1-2 食事の時間

食の単語力

1日の食事

desayuno 男	朝食
desayunar	朝食をとる
comida 男	昼食
comer	食べる、朝食をとる
almuerzo 男	昼食（ラテンアメリカで一般的に用いられる。スペインでは comida が一般的だが、ホテルやレストランのメニューなどでは almuerzo も使う。また正午の軽い昼食を表すこともある）

スペインの新幹線 AVE でのランチ

ランチのメニュー

cena 女	夕食
cenar	夕食をとる
merienda 女	軽食、メリエンダ
merendar	軽食をとる
beber	飲む
tomar	飲食する
picar	（食べるものを）つまむ
tapear	（タパスやつまみ等を）つまむ

旧市街のレストラン

13

1-3 昼食は職場で

Aki: ¿Vuelves a casa para comer, Julio?

Julio: No, no puedo.

Aki: ¿Dónde comes?

Julio: Voy a comer a un restaurante cerca de la oficina. Los niños también comen en el colegio.

語句と表現

vuelvo (<volver)	もどる、帰る
volver a casa	家へ帰る
para comer	昼食をとるために
puedo (< poder)	私は〜できる
¿dónde?	どこで？
voy (< ir) a comer	私は食べに行く
restaurante 男	レストラン
cerca de...	〜の近くで
oficina 女	オフィス、会社
niño 男	子ども

職場で同僚たちと昼食

1-3 昼食は職場で

> **訳**
>
> アキ： フリオ、昼食には家へ帰るの？
>
> フリオ： いや、帰れないんだ。
>
> アキ： どこで昼食をとるの？
>
> フリオ： 会社の近くのレストランへ食べに出かけている。子供たちも学校で食べるんだ。

有名な Café Gijón

también	〜もまた
colegio 男	小学校

volver a casa　家へ帰る

　No vuelvo a casa para comer.　昼食を食べに家にはもどらないよ。

¿Dónde comes?　君はどこで昼食をとるの？

　Como en casa.　ぼくは家で食べるよ。

Voy a comer a un restaurante.　ぼくはレストランへ昼食にいくんだ。

　Vamos a merendar a ese bar.

そのバルへつまみに行こう。

スペイン食べ歩き

● 1 日のメイン食—昼食

　スペインの昼食は、スープやパスタなどの前菜から始まり、肉や魚のメインディッシュ、最後にデザートとなる。家族が家にもどりゆっくり時間をかけて楽しむ。しかし、スペインも時代の変化、都市化、さらには女性の社会進出などさまざまな理由で、マドリードのような大都会ではこのような伝統的な昼食はめずらしくなっているのかもしれない。

　いずれにしても、朝食から始まって、正午前（午前の真ん中という意味で a media mañana という）のコーヒーブレイク（un café）、少し遅めの昼食（la comida）、休憩をはさんで、午後の仕事の合間の軽食であるメリエンダ（merienda）、そして仕事を終え、帰宅してからの私たちには信じられないぐらい遅い夕食、というペースだ。これを見ていると、スペインの人たちは、中心になる昼食を境目にして 1 日を 2 度楽しんでいるように思えてくる。

王宮前のオリエンテ広場 Plaza de Oriente で食事を楽しむ人たち

1-3 昼食は職場で

●都会の昼食

　都心から離れた郊外の団地（urbanización）や戸建住宅（chalet）に住んで、地下鉄や郊外電車に乗って通勤するサラリーマンたちはテイクアウトのランチを買って食べたり、お弁当にフランスパンのサンドイッチ、ボカディージョ（bocadillo）を持って行ったりする。また、オフィス街では同僚たちとレストランに出かけゆっくり歓談しながら時間をかけて定食（menú del día）を楽しむ姿も見られる。ワインやビールを飲んで赤い顔をしている勤め人もめずらしくない。それで、食後にまた仕事にもどれるのは見事だ。

軽食をとりながら休憩する人たち

●学校でも

　スペインの大学は必ずしもお昼の12時に午前の授業は終わらない。先生によっては、1時、2時まで延々と授業が続く。学生は休憩時間に軽く何かをお腹に入れておかないともたない。職場と同じで、昼食後も夜間まで授業がある。幼稚園（guardería）や小学校（colegio）へ通う子供たちも、お昼は学校によっては自宅に帰って食べることもあるが、給食が出たり、弁当を持参したりさまざまだと聞く。

展開

アキはスペイン人の勤め人がどのように1日を過ごしているのか興味をもっている。

Aki: **Y, por la tarde, ¿qué haces?**
アキ: それで、午後はどうするの?

Julio: **Descanso una hora y trabajo hasta las siete.**
フリオ: 1時間ほど休んで、7時まで働くよ。

Aki: **¿Sales a menudo por la noche?**
アキ: 夜はよく出かけるの?

Julio: **No, salgo solo los fines de semana.**
フリオ: いや、週末だけだね。

映画館

サンタ・アナ広場 (Plaza de Santa Ana)

さすがに毎日外出とはいかない。週末 (fin de semana) に買い物、映画、劇、コンサート、子どもの相手などの家族サービスをする。

1-3 昼食は職場で

食の単語力

ノンアルコールの飲み物

bebida 女	飲み物
agua 女	水
agua caliente 女	湯
hielo 男	氷
agua mineral sin gas [con gas] 女	炭酸なしの［炭酸入りの］ミネラルウォーター
leche 女	ミルク
refresco 男	清涼飲料
zumo de naranaja [tomate] 男	オレンジ［トマト］ジュース
limonada 女	レモネード
café solo 男	ブラックコーヒー
café con leche 男	カフェオレ
café cortado 男	ミルク入りコーヒー
descafeinado 男	カフェインレスのコーヒー
manzanilla 女	カモミールティー
infusión 女	ハーブティー
granizado 男	フローズンドリンク（granizado de limón が代表的）
tónica 女	（清涼飲料）トニックウオーター
horchata 男	オルチャタ（カヤツリグサ chufa の地下茎から作る白くて甘いジュースで、冷やして飲む夏の風物詩）

ミネラルウォーター

1-4 ファーストフード

Marta: ¿Te apetece un bocadillo de jamón y queso, Lucía?

Lucía: Tiene buena pinta.

Marta: También tengo otro de tortilla.

Lucía: Gracias. Tomaré este de tortilla. Mis hijos prefieren hamburguesas y pizzas.

語句と表現

te apetece... (＜ apetecer 現在3人称単数形)
　　　　　　君は〜が欲しい、〜が君の食欲をそそる (te は間接目的語の人称代名詞)
bocadillo 男　ボカディージョ (フランスパンのサンドイッチ)
jamón 男　　生ハム
queso 男　　チーズ
otro (bocadillo)　別のボカディージョ
tomaré (＜ tomar の未来形1人称単数形)　私は〜を食べます
este (bocadillo)　このボカディージョ
hijo 男　　息子、子ども

1-4 ファーストフード

> **訳**
>
> マルタ： ルシア、ハムとチーズのボカディージョはいかが？
>
> ルシア： おいしそうね。
>
> マルタ： トルティーリャのもあるわよ。
>
> ルシア： ありがとう。こっちのトルティーリャの方をいただくわ。うちの子どもたちはハンバーガーやピザの方がいいみたい。

ハンバーガーショップ

---

prefieren（< preferir 現在3人称複数形）　彼らは〜の方を好む
hamburguesa 女　　ハンバーガー
pizza 女　　ピザ

¿Te apetece un bocadillo de jamón?　ハムのボカディージョはどう？
　Me apetece un café.　私はコーヒーが飲みたい。
Tiene buena pinta.（決まり文句）おいしそうだ。
preferir　〜の方を好む
　Prefiero un bocdillo de tortilla.
　ぼくはトルティーリャをはさんだボカディージョの方がいい。

スペイン食べ歩き

●ファーストフード

　ファーストフード（comida rápida）の普及はスペインも事情は同じ。ハンバーガー、ドーナツ、フライドチキン、ピザ店などが目抜き通りに軒を連ね、どこも若者で一杯だ。親たちが、子供の食習慣・食生活の変化を憂慮する姿も似ているのかもしれない。若者たちは簡単に早く食べられるのがいいのだろうが、ジャンク・フード（comida basura）として栄養の偏りを心配する人もいる。

ピザの宅配

●ボカディージョ

　とはいえ、スペインにも昔からボカディージョ（bocadillo）という伝統的なファーストフードがある。最近は bocata と呼ばれることもある。フランスパン（barra de pan）や小さめのパンを半分に切って、生ハム、チョリソ、サラミ、トルティーリャ、イカのリング揚げなどを挟んだスペイン式サンドイッチだ。カリっとしたパンと具の調和が何とも絶妙だ。小さめのステーキを挟んだ pepito や、カタクチイワシ（boquerones）のフライを詰めたものもうまい。

生ハムのボカディージョ

1-4 ファーストフード

●出前

　ファーストフードとともに、流行るようになったのが出前だろう。ホームデリバリー(servicio a domicilio)と言い換えてみてもよい。電話一本であらかじめもらってあるメニューから選んだ料理を自宅まで迅速に届けてくれる。最も定着しているのがピザの宅配。テレ・ピザ(telepizza)の店はいたるところで目にする。最近では、テレ・スシ(tele-sushi)も流行っている。宅配寿司だ。sushi そのものがスペイン人の生活に定着した証拠と言える。たしかに、日本料理店とともに寿司店も増えてきた。回転寿司のバルもある。また、中華料理の宅配もポピュラーになって久しい。telepaella の宣伝広告を見たこともある。

フライドチキン

ファーストフードの店が並ぶ

展開

バーガーショップで注文

Dependienta: **Bienvenido. ¿Para llevar o tomar aquí?**
　店員： いらっしゃいませ。お持ち帰りですか、ここでお召し上がりですか？

Cliente: **Una hamburguesa con queso y un café para llevar.**
　客： 持ち帰りで、チーズバーガーとコーヒー。

Dependienta: **El café, ¿de qué tamaño lo desea?**
　店員： コーヒーはどのサイズにしましょう？

Cliente: **Mediano.**
　客： Mサイズでお願いします。

Dependienta: **¿No quiere también unas patatas?**
　店員： フライドポテトもいかがですか？

Cliente: **Sí, unas pequeñas, por favor.**
　客： じゃあ、小さいのをお願いします。

ハンバーガーを注文する

　コーヒーのサイズはSが pequeño、Mが mediano、そしてLが grande となる。

1-4 ファーストフード

食の単語力

食べ物の味・状態を表す形容詞

語尾が -o で終わる形容詞は、-a で女性形になる。

bueno [rico] ／ malo　　　　　　　おいしい／まずい
 Esta carne está buena.　　　　この肉はおいしい。
 La paella está mala.　　　　　パエリャがまずい。

salado ／ soso　　　　　　　　　　塩辛い／味のない
 Este pescado está salado.　　この魚は塩辛い。

frío ／ caliente　　　　　　　　　冷たい／熱い
 La sopa está caliente.　　　　スープは熱いよ。

maduro ／ verde　　　　　　　　　熟した／熟していない
 Los tomates están maduros.　トマトは熟している。

duro ／ blando　　　　　　　　　　硬い／やわらかい
 Esta carne está dura.　　　　この肉は硬い。

dulce ／ amargo　　　　　　　　　甘い／苦い

ホットドッグ
perritos calientes

1-5 飲みに出かける

Julio: ¿Salimos esta noche de copas, Hiro?

Hiro: De acuerdo. ¿Qué tal si vamos a ver una película, y después de cenar tomamos unas copitas?

Julio: Marta y Lucía también quieren ir.

Hiro: Vale.

語句と表現

salir de copas	飲みに出かける
de acuerdo.	了解
¿Qué tal si... ?	（誘う表現）〜するのはどうかな？
vamos a...	〜しに行く
ver	見る
película 女	映画
después de...	〜の後に
tomar unas copitas	何杯か飲む
vale	OK、了解

1-5 飲みに出かける

訳

フリオ： 今夜飲みに出かけようか、ヒロ？

ヒロ： いいね。映画を見て、夕食の後、1杯やるというのはどう？

フリオ： マルタやルシアも行きたがっているよ。

ヒロ： いいね。

パブ

¿Salimos de copas esta noche? 今夜飲みに出かけようか。

¿Salimos a pasear? 散歩しようか。

¿Qué tal si tomamos una cerveza en este bar?
このバルでビールを飲まない？

¿Qué tal si comemos en este restaurante?
このレストランで食べようか。

居酒屋 mesón の看板

スペイン食べ歩き

●どんなところで飲むのか

英国風パブ

「飲みに出かける」は ir de copas, ir de bares などという。夕食が遅いので、それに応じてスペインのナイトライフも遅めになる。映画や芝居、コンサートやショーも深夜にわたることが多い。ディスコなども夕方から早朝まで営業。一杯飲んだりする機会も少なくない。

お酒はレストランやカフェテリアで飲んだり、バルで食事とともにビールやワインを飲むのが一般的。また、食前にシェリー (jerez)、食後にブランデー (coñac) を飲むこともある。バルにも bar de tapas と bar de copas がある。朝から開店し、食事ができるのが前者で、後者は夜営業し、飲酒が中心だ。英国風のパブ (pub) やビアホール (cervecería) と呼ばれるところもある。居酒屋は、taberna や mesón などと呼ばれる。

ビアホールで楽しむ人たち

bar de copas のメニュー

1-5 飲みに出かける

●どこで飲むのか

　マドリードの人気飲食スポットはどこにあるのだろうか。どの街角でも、というのが答えだが、とくに思いつく地域を挙げてみる。まず、ソル広場 (Puerta del Sol) 界隈。西に向かい、マヨール広場周辺の Arenal 通りや Mayor 通り、南東のサンタ・アナ (Santa Ana) 広場あたりにはお酒を飲めるところがたくさんある。目抜き通りグアン・ビア (Gran Vía) 通りから北に入ると Tribunal 通り、その東側の Chueca 地区、またその北端の Bilbao 広場周辺や西の Dos de Mayo 広場界隈の Malasaña 地区もにぎわう。

　西の大学都市に接するモンクロア (Moncloa) やアルグゥエリェス (Argüelles) も若者でにぎわう。高級路線では当然サラマンカ地区の Serrano 通りや Goya 通り界隈ということになる。

マドリード市街の飲食スポット

展開

食後に

食後の一杯は格別だ。

Julio: **¿Qué pedimos?**
フリオ： 何を頼もうか？

Marta: **Voy a pedir un anís.**
マルタ： 私はアニス酒を頼むわ。

Julio: **Me apetece un poquito de coñac.**
フリオ： ぼくは、少しブランデーが欲しいなあ。

Hiro: **Venga, yo también tomaré un coñac.**
ヒロ： それじゃあ、ぼくもブランデーにしよう。

ジャズの生演奏が聞けるカフェ

アニス（anís）酒はアニスの実のリキュールで、香りがよくて甘いがアルコール度は高いので要注意。また、ブランデー（brandy）のことをスペインではコニャック（coñac）と呼ぶ。食事の後、コーヒーとコニャックで、ぜいたくなひと時を過ごす。

食の単語力

飲酒

bebida 女	飲み物
caña 女	グラスの生ビール、カニャ
cerveza 女	ビール
cervecería 女	ビアホール
bar 男	バル
bar de tapas 男	（食事ができる一般的な）バル
bar de copas 男	（夜間）飲酒が中心のバル
taberna 女	居酒屋、酒場
mesón 男	居酒屋
coñac 男	ブランデー
anís 男	アニス酒
jerez 男	シェリー
champán 男	シャンパン
sangría 女	サングリア
ginebra 女	ジン
cubalibre 男 / cubata 男	クバリブレ（ラム酒 ron をコーラで割ったカクテル）
vino tinto 男	赤ワイン
vino blanco 男	白ワイン
vino rosado 男	ロゼ

客で混雑するバル

2

外で食べる

2-1 バル／カフェテリア

Marta: ¿No tienes sed, Julio?

Julio: Sí, ¿tomamos algo?

Marta: ¿Qué tal si nos sentamos en la terraza?

Julio: Muy bien. Aquí hay una mesa libre.

Marta: Me apetece algún refresco.

Julio: Voy a tomar una caña.

語句と表現

tener sed	のどが渇く
tomar algo	何か食べる［飲む］（tomar は「飲む、食べる」のどちらにも使う）
nos sentamos	(<sentarse 再帰動詞の現在1人称複数形) 私たちはすわる
terraza 女	テラス
hay...	～がある
mesa 女	テーブル
libre	空いた
me apetece ...	私は～が飲みたい
algún (< alguno)	何か

バルセロナのバル

2-1 バル／カフェテリア

訳

マルタ： フリオ、のどが渇かない？

フリオ： うん、何か飲もうか？

マルタ： テラスにすわるのはどう？

フリオ： そうしよう。ここに空いたテーブルがあるよ。

マルタ： 何かソフトドリンクが飲みたい。

フリオ： ぼくは生ビールにするよ。

---

refresco 男	清涼飲料
caña 女	グラスの生ビール

¿Tienes hambre? —No, tengo sed.
お腹空いてる？ーいや、のどが渇いている。

Vamos a sentarnos en la terraza. テラスにすわろう。

Aquí hay una mesa libre. ここに空いたテーブルがある。

Aquí hay un bar. ここにバルがあるよ。

スペイン食べ歩き

●バル・カフェテリア・レストラン

　レストランではコース料理、アラカルト料理など食事が中心。カフェテリアでも料理は出されるが、ケーキ、ホットケーキ、デザートやコーヒー・紅茶などの飲み物をテーブルまたはカウンター(barra)で飲食する。ちょっとした軽食(tapas)も頼めるし、ケーキやチョコレートの販売コーナーを見かけることもある。レストランとカフェテリアの区別も簡単ではないが、これにバルが加わるとよけい複雑だ。バルは喫茶店と居酒屋を合わせたような軽食堂だが、詳しくは食事ができるバル(bar de tapas)とアルコール類が中心で夜間営業のバル(bar de copas)がある。後者は日本のいわゆる「バー」にイメージが近いかもしれない。バルではカウンターに並べられた惣菜類(tapas)を小皿で少しずつ注文する。

　バルではアルコール類やコーヒー、紅茶、ソフトドリンクなどをカウンター(barra)、または、テーブル(mesa)で注文できる。レストランによっては、入口にバルのカウンターがあり、食前酒(aperitivo)を飲んでから食事ということもある。

カフェテリアのテラス

2-1 バル／カフェテリア

●カウンターかテーブル席か

　スペインに行くと驚くことの一つが、スペイン人の健脚ぶりである。とにかくよく歩く。日本人なら、自転車や電車やバス、タクシーを利用するところを余裕をもって歩く。散歩をしながらおしゃべりする。朝夕、公園や広場や散歩道は人で一杯になる。

　食事の場面でも同じだ。バルのカウンターにイスが並べられていても、立ったままカウンターを取り囲むように、手にグラスをもち、談笑しながら飲み食いする。それが決して短時間ではない。われわれがどっかりすわり込んでしまうのと大違いだ。

立ったまま一杯

　これと矛盾するようだが、大通りや広場、公園、海辺などにはレストランやカフェテリアのテラス席が並べられる。強い陽射しをさける大きなパラソルが心地よい日影をつくってくれる。腰をおろし、行きかう人々の姿をゆっくり眺めながら、飲食を楽しむのもまたスペインの風景だ。

にぎわうサンタ・アナ広場
Plaza de Santa Ana のテラス

展開

バルに初めて入って注文するのには少し勇気がいるが、欲しいものをまず口に出してみよう。

Camarero: **Hola, buenas tardes. ¿Qué van a tomar?**
ウェイター： いらっしゃいませ。何にしましょうか？

Lucía: **Hola, buenas. ¿Me pone una caña?**
ルシア： どうも。私には生ビールをお願いします。

Marta: **Para mí, un vino tinto.**
マルタ： 私は、赤ワイン。

Camarero: **¿Desean algo para picar?**
ウェイター： 何かつまみますか？

Lucía: **Sí, póngame un pincho de tortilla.**
ルシア： そうね、私はトルティーリャを1切れください。

Marta: **Yo quiero un poquito de boquerones.**
マルタ： 私はカタクチイワシを少しいただくわ。

カタクチイワシの酢漬け

¿Me pone ～ ? や Póngame ～ 「～をください」や Para mí, ～ .「私には～ください」や、～, por favor.「～をお願いします」などの表現を活用しよう。～の部分に料理名を入れるだけ。

2-1 バル／カフェテリア

食の単語力

飲食店

carta 女	メニュー
a la carta	アラカルト、一品料理
menú 男	コース料理
menú del día 男	日替わりメニュー
plato 男	(一皿の) 料理
propina 女	チップ
comer fuera	外食する
pedir	注文する
invitar	おごる
dividir la cuenta	割り勘にする
aperitivo 男	食前酒
sándwich 男	サンドイッチ

基本表現を覚えよう

Un café con leche, *por favor*.
　　　　　　カフェオレをお願いします。
Deme un bocadillo de jamón serrano.
　　　　　　生ハムのボカディージョをください。
cuenta 女　　　勘定書き
　La cuenta, por favor.　お勘定をお願いします。
¿Cuánto es? [*¿Cuánto cuesta?*]　いくらですか？
para llevar　　テイクアウトの
　Deme dos bocadillos *para llevar*.
　　　　　　ボカディージョを2つ、テイクアウトでください。

2-2 タパスを楽しむ

Hiro: Estoy muerto de hambre.

Julio: ¿Entramos en ese bar a tomar algo?

Hiro: Vale. Me encanta esta costumbre de tomar tapas en los bares: una ración de gambas, un pincho de tortilla, unos boquerones, unos champiñones...

語句と表現

estar muerto de...	〜で死にそうだ
hambre 女	空腹
entrar en...	〜に入る
me encanta...（<encantar）	私は〜が大好きだ（me は間接目的語の人称代名詞）
costumbre de... 女	〜の習慣
tapa 女	タパ（小皿で出される惣菜、おつまみ）
una ración de... 女	〜1人前
calamar 男	イカ
un pincho de...	〜1切れ
unos boquerones（< un boquerón 男）	カタクチイワシ

2-2 タパスを楽しむ

訳

ヒロ： お腹が空いて死にそうだ。

フリオ： そのバルへ入って何かつまむ？

ヒロ： そうしよう。バルでタパスをつまむこの習慣が大好きだよ。エビ1人前とかトルティーリャ1切れとか、カタクチイワシとかマッシュルームとかね……。

タパスが並ぶバル

---

unos champiñones（< un champiñón 男）　マッシュルーム
＊unos（複数の不定冠詞）は「何匹かの、いくつかの」の意味。

Estoy muerto de hambre.	お腹が空いて死にそうだ。
Esoty muerto de sed.	のどが渇いて死にそうだ。
Me gusta esta costumbre.	ぼくはこの習慣が大好きです。
Me encanta el fútbol.	ぼくはサッカーが大好きだ。

エビの鉄板焼 gambas a la plancha（左）とイカのリング揚げ calamares fritos

スペイン食べ歩き

●バル bar

　日本語の「バー」の響きとは違って、スペイン語のバル(bar)は「喫茶店＋居酒屋＋軽食堂」とでも定義できる、各街角には欠かせない飲食施設だ。朝食から始まり、朝のコーヒーブレイク、昼食、夕方のメリエンダ、夕食から深夜とほぼ一日中営業する。常連さんは毎日のように訪れ、ビール、コーヒー、ボカディージョ、サンドイッチやタパスを注文し、おしゃべりしていく。近所の人たちの集会所にもなっている。さらには、サッカーの試合があると、地元を応援する顧客の声援で熱狂する。

　ウェイターは多くの客の注文を同時に聞き取り、みごとにさばく。あっという間に、飲み物や軽食が目の前に出てくる。その巧みな客対応に驚かされる。

おいしそうなタパスの並ぶバルのカウンター

2-2 タパスを楽しむ

●タパス tapas

スペインを旅する最大の楽しみの一つはいうまでもなくバルでタパスをつまんで歩く(ir de tapas)ひとときだ。小さめの皿で、少量ずつ出されるおつまみ、ないしは惣菜をタパ(tapa)と呼ぶ。オリーブの実から始まり、本格的な一品料理までいろいろある。つまみをピンチョ(pincho)と呼ぶこともある。

アンチョビ anchoa のタパス

バルに入ると、長いカウンターに沿って、大皿に、オリーブの実、ミートボール、ポテトサラダ、イワシのマリネ、エビやイカ、タコ、ムール貝などの魚介類、生ハムやチョリソなどの食材が奥まで続く。他にもボカディージョ、トルティーリャ、菓子パン、ドーナツまで盛りつけられている。

生ハムのタパス

カウンター越しのウェイターの背中には、ブランデーやウイスキー、リキュール類、それに、ワインやシェリーのビンが整然と並べられている。カウンターの真ん中あたりには生ビールの注ぎ口があり、細かくておいしそうな水滴をつけている。

目の前の食材を何品か注文するのもよし、何軒かのバルをはしごするのもよい。「タパスを食べに行く」ことをタペアール(tapearあるいはその名詞形tapeo)、また、「つまむ」ことをピンチャール pinchar ともいうが、バルでのひとときはスペイン人の生活のエネルギー源になっている。

展開

日本人にとって、スペインのバルはものめずらしい。何種類もあるタパスや注文のしかたにも興味津々だ。

Lucía: **¿No hay bares en Japón?**
ルシア： 日本にはバルってないの？

Aki: **No. Es muy curioso pedir cosas de pie, en la barra.**
アキ： ええ。立ったまま、カウンターで注文するのって面白いわ。

Lucía: **¿Quieres probar chipirones? ¿Qué tal?**
ルシア： チピロン（小イカ）を味見してみない？ どう？

Aki: **Están riquísimos.***
アキ： とてもおいしい。

*riquísimo は rico+ -ísimo 絶対最上級
「とても〜な」

小イカ (chipirones) のタパス

エビのニンニクオイル煮

マドリードのバル

2-2 タパスを楽しむ

食の単語力

代表的なタパス

aceitunas 女	オリーブの実
jamón serrano 男	生ハム
boquerones en vinagre 男(複)	カタクチイワシのマリネ
tortilla francesa 女	プレーンオムレツ
tortilla española 女	ジャガイモ入りスペイン風オムレツ
empanadilla 女	揚げパイ
croqueta 女	コロッケ
calamares a la romana 男(複)	イカのリング揚げ
pescaditos fritos 男(複)	小魚のフライ
gambas al ajillo 女(複)	エビのニンニクオイル煮
patatas bravas 女(複)	フライドポテトの辛いトマトソース添え
champiñones al ajillo 男(複)	マッシュルームのニンニクオイル煮
gambas a la plancha 女(複)	エビの鉄板焼き
mejillones 男(複)	ムール貝
caracoles 男(複)	カタツムリ
pulpo a la gallega 男	タコのガリシア風
un pincho de...	～1切れ
un pincho de tortilla	トルティーリャ1切れ
una ración de...	～1人前
una ración de pescaditos fritos	小魚のフライ1人前

生ハムを切る

2-3 レストランを予約する

Lucía: Mañana es el cumpleaños de Marta.
Hiro: Vamos a invitarla a una cena.
Julio: Vale. ¿Por qué no cenamos en Casa Jaime?
Lucía: ¡Hombre! Es un restaurante de cinco tenedores.
Hiro: Sí que es muy caro. Cerca de mi casa conozco uno bueno y barato. Voy a reservar una mesa para cuatro.

語句と表現

mañana	明日
cumpleaños 男	誕生日
invitar... a...	〜を〜へ招待する（la は「彼女を」）
¿Por qué no... ?	〜するのはどう?、〜しようよ
¡hombre!	（間投詞）そんな、まさか
de cinco tenedores	5本フォークの
sí que...	たしかに〜だ
caro	高い
cerca de...	〜の近くに［で］
mi casa	私の家

2-3 レストランを予約する

訳

ルシア： 明日はマルタの誕生日よ。

ヒロ： 夕食に招待しようよ。

フリオ： そうだね。カサ・ハイメで夕食というのはどう？

ルシア： そんな！ あれは5本フォークのレストランよ。

ヒロ： たしかにとても高いよ。ぼくの家の近くに安くておいしいところを知っている。4人のテーブルを予約するよ。

マドリードの伝統的なレストラン

conozco（< conoceer 現在1人称単数形）	知っている
uno（= un restaurante）	1軒
bueno y barato	おいしくて安い
reservar	予約する
una mesa para cuatro	4人用のテーブル

¿Por qué no cenamos en Casa Jaime?
カサ・ハイメで夕食というのはどうかな？

  ¿Por qué no cenamos en casa?
  家で晩ごはんを食べようよ。

スペイン食べ歩き

● 5本フォーク

　スペインのレストランはフォーク（tenedores）の数で格付けされるのが伝統的だ。5本フォークのレストラン（un restaurante de cinco tenedores）は最高級のレストランということになる。2，3本フォークでも相当格式が感じられる。実際、街を歩いて入り口にフォークがどのように表示されているか観察してみたが、最近ではほとんど見かけることがない。メニューの片隅に小さく印刷されているようなことが多い。現地の人に聞いてみるとあまり気にしていないようだ。フォークがなくてもおいしい店はたくさんあるし、自分の目と舌、サービスと値段で判別するのが賢明だという。

2本フォークのレストラン

　スペイン料理も時代とともにずいぶん変化してきた。何年か前までは、庶民的なレストランでは、素材中心で、皿に盛り付けられる量が並たいていではなかった。スープやパスタ、豆、サラダなどの1皿目を平らげてしまうと、メイン料理にいたるまでにギブアップということになっていた。

しかし最近は、ダイエット(dieta)や健康志向のおかげか、世界的な趨勢か、適正な量になってきた。またヌエバ・コシーナ(Nueva Cocina)と呼ばれる「新スペイン料理」が世界的にも脚光を浴びるようになってきた。洗練されたバスクの料理や日本でも人気のある斬新なカタルーニャ料理がこれに一役買っているに違いない。色鮮やかなソースや盛り付け、繊細な味付けはどこか和食やフランス料理を思わせる。

ヌエバ・コシーナ(新スペイン料理)の一皿

　店の内装もこれまでとは違ってモダンなところが増えてきた。いずれにしても、グローバル化したスペイン料理と伝統的なスペイン料理とが並存し、好みで選べるようになってきたことはありがたい。

現代的なレストラン

展開

人気のあるレストランは予約 (reserva) するにかぎる。電話してみよう。

Camarero: **Buenas tardes, Casa Manuel.**
ウェイター： カサ・マヌエルでございます。ありがとうございます。

Lucía: **Quería reservar una mesa para mañana.**
ルシア： 明日のテーブルの予約をしたいのですが。

Camarero: **¿Para cuántas personas?**
ウェイター： 何名様でしょうか？

Lucía: **Para cuatro.**
ルシア： 4人です。

Camarero: **¿A qué hora?**
ウェイター： 何時でしょうか？

Lucía: **Sobre las diez, por favor.**
ルシア： 10時頃でお願いします。

Camarero: **Muy bien. ¿A nombre de quién?**
ウェイター： わかりました。お名前は？

Lucía: **De Lucía Sánchez.**
ルシア： ルシア・サンチェスです。

食の単語力

レストランの前菜

前菜、オードブル(entrante, entrada)はタパスとしてバルなどで出されるものと共通することが多い。

entrante 男 / entrada 女	前菜、オードブル
primer plato 男	前菜、1皿目
segundo plato 男	主菜、メイン料理、2皿目
postre 男	デザート
entremeses variados 男(複)	オードブルの盛り合わせ
aceitunas 女(複)	オリーブの実
queso 女	チーズ
jamón serrano 男	生ハム
embutidos variados 男(複)	ハム・ソーセージなどの盛り合わせ
pescaditos fritos 男(複)	小魚のフライ
fritos variados 男(複)	フライの盛り合わせ
pulpo a la gallega 男	タコのガリシア風

マドリードのレストラン

2-4 レストランにて (1)

Camarero: Buenas noches, señores. ¿Van a cenar?

Marta: Sí, ¿qué nos recomienda?

Camarero: Bueno, de primero, tenemos sopa de mariscos, sopa de ajo y entremeses variados...

Julio: Voy a tomar sopa de mariscos.

Marta: Para mí, una ensalada, por favor.

語句と表現

recomienda（＜recomendar 現在3人称単数形）	（あなたが）すすめる
de primero	１皿目として
sopa de mariscos 女	海の幸スープ
sopa de ajo 女	ニンニクスープ
entremeses (< entremés 男)(複)	オードブル
ensalada 女	サラダ

2-4 レストランにて (1)

> 🗣 **訳**
>
> ウェイター： いらっしゃいませ。ご夕食でしょうか？
>
> マルタ： ええ、おすすめ料理は何ですか？
>
> ウェイター： そうですね。1皿目は、海の幸のスープ、ニンニクスープ、それにミックスオードブルなど……。
>
> フリオ： ぼくは海の幸のスープにします。
>
> マルタ： 私にはサラダをお願いします。

レストランの入口

¿Qué nos recomienda?　何がおすすめですか？

　Te recomiendo sopa de ajo.

　君にニンニクスープをすすめるよ。

de primero　1皿目は

　De primero, voy a tomar sopa de mariscos.

　1皿目は海の幸スープにします。

テーブルに着く

スペイン食べ歩き

●席に着くまで

バルなら、カウンター席(barra)にするか、テーブル席(mesa)にするかをまず決めなくてはならない。混みぐあいにもよるが、テーブルではウェイター(camarero)が注文を取りに来るのを待つ。カウンターでは、直接その場で注文する。流行っているバルでは、客の間にはさまって、なかなかきっかけがつかめないことがあるが、遠慮せず、¡Oiga, por favor!「すみません！」と大声を出してみる。

カフェテリアやレストランでは、店内でも外のテラス(terraza)でも、ウェイターの指示に従って席を決める。これまでは喫煙席(sección de fumadores)と禁煙席(sección de no fumadores)に別れていたが、最近は法律により店内は禁煙だ。

あらかじめ予約を入れてレストランに行くときには、まず名前を告げる。¿A nombre de quién?「お名前は？」と聞かれるので、De Tanaka.「田中です」のように答える。

テーブル席ではウェイターに注文する

2-4 レストランにて(1)

●前菜 primer plato

いよいよ注文となるが、料理と飲み物を選ぶ。料理は基本的に primer plato（1皿目）と呼ばれる「前菜」、つぎに segundo plato（2皿目）のメイン料理となる。食事とともに飲むワインやビール、ミネラルウォーターなどの飲み物もここで注文する。料理が終わるとデザートとコーヒーなどの飲み物を選ぶことになる。

52ページの会話の中で、1皿目［前菜］として（de primero）ウェイターは海の幸のスープ（sopa de mariscos）、ニンニクスープ（sopa de ajo）、それにミックスオードブル（entremeses variados）をすすめている。どれもポピュラーだ。スープは他にもポタージュや夏場は冷たいガスパチョ（gazpacho）などがある。

1皿目の定番、ミックスサラダ

サラダではレタスとトマトのシンプルなサラダ（ensalada de lechuga y tomate）からオリーブの実やツナなどが入ったミックスサラダ（ensalada mixta）など。1皿目の定番としては、マカロニやパエリャのようなパスタ類もある。うかうかすると、これだけで満腹になってしまうので注意が必要だ。メイン料理とのバランスを考えながら選ぼう。

展開

レストランに入って

予約するにこしたことはないが、予約なしにレストランで夕食をとりたい場合のやりとりは次のようになる。

Julio: **Buenas tardes. No tenemos reserva.**
フリオ： こんにちは。予約はないのですが。

Camarero: **¿Para cuántas personas?**
ウェイター： 何名様でしょうか？

Julio: **Para dos.**
フリオ： 2人です。

Camarero: **Muy bien. Al lado de la ventana está libre. Pasen, por aquí, por favor.**
ウェイター： かしこまりました。窓際が空いております。どうぞ、こちらへおいでください。

バスク料理で有名なレストラン

2-4 レストランにて (1)

食の単語力

1皿目の料理

ensalada de lechuga y tomate 囡	レタスとトマトのサラダ
ensalada verde 囡	レタスのサラダ
ensalada mixta 囡	ミックスサラダ
pimientos rellenos 男(複)	ピーマンの肉詰め
verduras asadas 囡(複)	野菜焼き
sopa de pescado 囡	魚介類のスープ
gazpacho 男	ガスパチョ（トマトベースの冷製スープ）
consomé 男	コンソメ
sopa de verduras 囡	野菜スープ
sopa de mariscos 囡	海の幸スープ
paella valenciana 囡	バレンシア風パエリャ
arroz negro 男	アロス・ネグロ（イカ墨のパエリャ）
macarrones 男(複)	マカロニ
espaguetis 男(複)	スパゲティー

1皿目によく注文するコンソメスープ（左）と野菜焼き（右）

2-5 レストランにて (2)

Camarero: Y, ¿de segundo, qué prefieren?
Hoy tenemos filete de ternera, chuletas de cordero, trucha a la navarra...

Marta: ¿Cómo es la trucha a la navarra?

Camarero: Pues, trucha con tocino.

Julio: Bueno, yo filete de ternera.

Marta: Para mí, trucha a la navarra.

語句と表現

de segundo	メイン料理として、2皿目に
¿qué prefieren? (prefieren < preferir 現在3人称複数形)	何を好まれますか？
filete de ternera 男	子牛のステーキ
chuleta de cordero 男	ラム（子羊の）チョップ
trucha a la navarra 女	マスのナバラ (Navarra) 風（ベーコンをはさんで焼く）
tocino 男	ベーコン
bueno	（間投詞）それでは、じゃあ

2-5 レストランにて (2)

>
>
> ウェイター: それでは、メインは何がお好みでしょうか？ 本日は子牛のステーキ、ラムチョップ、それにマスのナバラ風などですが……。
>
> マルタ: マスのナバラ風ってどんな料理ですか？
>
> ウェイター: そうですね、ベーコン風味ですね。
>
> フリオ: それじゃ、ぼくは子牛のステーキにします。
>
> マルタ: 私には、マスのナバラ風を。

¿Cómo es la trucha a la navarra?
マスのナバラ風はどういう料理ですか？

 ¿Cómo es el cocido?
 煮込み (cocido) ってどういう料理ですか？

メイン料理の定番、マス料理

スペイン食べ歩き

●メイン料理を決める

1皿目の注文が終わったら、つぎはメイン料理(segundo plato)だ。ウェイターはつねに「～は何にいたしましょうか？」と聞いてくれる。

　¿De primero, qué quiere?
　　　1皿目は何にいたしましょうか？
　¿De segundo, qué quiere?
　　　メイン料理は何にいたしましょうか？
　¿De postre, qué quiere?
　　　デザートは何にいたしましょうか？

決まり表現なので覚えておこう。primero は primer plato（1皿目）、segundo は segundo plato（2皿目）を略した言い方だ。また、客の方から De segundo, quiero trucha.「メインはマスにします」などと注文してもよい。

メイン料理は基本的には肉料理(carne)か魚料理(pescado)ということになる。肉は牛肉(carne de vaca)、とりわけ子牛(ternera)が多い。豚(cerdo)ではポークチョップ(chuletas de cerdo)や子豚のロースト(cochinillo)など。他に、鶏肉(pollo)がある。また、スペインでは一番のごちそうといえば、なによりも子羊(cordero)だ。

豪快な子羊の骨付きローストはスペインのごちそうだ

2-5 レストランにて (2)

●肉にする

ステーキを注文するときには、肉の焼きぐあいを指示することになる。「ウエルダンで / ミディアムで / レアで」は、それぞれ muy hecho / al punto [medio hecho] / poco hecho となる。

     Hiro : De segundo, quiero filete de ternera.
     ヒロ : メインは子牛のステーキにします。
Camarero : ¿Cómo quiere el filete, señor?
ウェイター : 肉の焼きぐあいはいかがいたしましょう？
     Hiro : Al punto, por favor.
     ヒロ : ミディアムでお願いします。

●魚にする

魚介類 (pescado y marisco) では、タラ (bacalao)、メルルーサ (merluza)、メロ (mero)、アンコウ (rape)、タイ (besugo) などの白身魚のほか、カタクチイワシ (boquerón) やイカ (calamar)、タコ (pulpo)、エビ (gamba) やムール貝 (mejillón)、アサリ (almeja)、ホタテ (vieira) などの貝類など、多彩な料理法でスペイン料理の豊かさが味わえる。

多彩な料理法で楽しめる
スペインの魚介料理

展開

飲み物を注文する

メイン料理といっしょに飲み物も注文する。

Camarero: **Y, ¿para beber?**
ウェイター: それからお飲み物はどういたしましょう？

Julio: **Yo quiero vino tinto de la casa.**
フリオ: ぼくは赤のハウスワインを。

Marta: **Quiero agua mineral sin gas.**
マルタ: 私は炭酸抜きのミネラルウオーターにします。

スペインはワインの産地としても有名

　ワインやビールなどアルコール類のほか、ノンアルコールではコーラ(cola)やジュース(zumo)、清涼飲料のトニックウオーター(tónica)など。ミネラルウォーターでは炭酸ガスが入っている(con gas)ものかどうか聞かれる。大衆食堂では、水道水(agua del grifo)をジャー(jarra)に入れて無料で出してくれるところもある。

2-5 レストランにて (2)

食の単語力

肉と肉料理

マドリード名物、胃袋の煮込み callos

種類と部位

carne 女	肉
carne de vaca 女	牛肉
ternera 女	子牛肉
cerdo 男	豚肉
cochinillo 男	子豚
pollo 男	鶏肉
cordero 男	子羊肉
cordero lechal 男	哺乳期の子羊
pato 男	カモ肉
conejo 男	ウサギ
codorniz 女	ウズラ
perdiz 女	シャコ
costilla 女	リブ、あばら肉
chuleta 女	チョップ
solomillo 男	ヒレ
lomo 男	ロース

代表的な肉料理

bistec de ternera 男	子牛のステーキ
chuletas de cerdo 女(複)	ポークチョップ
cordero asado 男	子羊ロースト
cochinillo asado 男	子豚の丸焼き
rabo de toro 男	牛のテール
pollo asado 男	ローストチキン
callos madrileños 男(複)	胃袋のトマトソース煮込み

2-6 レストランにて (3)

Camarero: ¿Qué tal la comida?

Julio: Está muy rica.

Camarero: ¿Qué quieren de postre? Hoy tenemos una tarta de manzana muy rica.

Marta: ¿La probamos?

Julio: Sí, y después dos cafés cortados, por favor.

語句と表現

¿Qué tal...?	〜はいかがですか？
rico[a]	おいしい（=bueno[a]）
de postre	デザートとして
tarta de manzana ㊛	リンゴのタルト、アップルパイ
probamos	（< probar 現在1人称単数形）試してみる
después	あとで
café cortado ㊚	コルタード（少しミルクが入ったコーヒー）

食後のデザートも欠かせない

2-6 レストランにて (3)

> **訳**
>
> ウェイター： お料理はいかがでしょうか？
>
> フリオ： とてもおいしいです。
>
> ウェイター： デザートは何にいたしますか？ 本日はとてもおいしいリンゴのタルトがございますが。
>
> マルタ： 試してみる？
>
> フリオ： そうしよう。それから、後でコルタードを2つお願いします。

¿Qué tal la comida? 食事はいかがでしょうか？

¿Qué tal la carne?—Está muy buena.

お肉はいかがですか？―とてもおいしいです。

Está muy rica. とてもおいしいです

* estar 状態を表す。

La sopa está caliente [fría].

スープは熱いです［冷めています］。

伝統的なカフェ

スペイン食べ歩き

●デザート

　食後はやはりデザート(postre)で締めくくる。何もとらないでコーヒーだけという手もあるが、肉や魚をたっぷりと食べた後は、何か甘いものがほしくなる。ケーキ(pastel)、タルト(tarta)やアイスクリーム(helado)、プリン(flan)など定番に加え、新鮮な果物(fruta)もおいしい。季節によりオレンジ、ブドウ、西洋なし、メロンなどが出される。肉類ばかりなので野菜不足を果物のビタミンCで補うのだ。ただケーキも果物も巨大だ。オレンジなどはまるまる1個皿に乗ってくる。アイスクリームのボールも1個ということはまずない。

　スペイン名物のデザートとしては、まず、アロス・コン・レチェ(arroz con leche)。甘いミルクの中に米が入っていてシナモンで香り付けがされている(188ページ参照)。クアハダ(cuajada)も乳を凝固させたプリン状のデザートで、蜂蜜などをかけて食べる。カタルーニャ地方のクレマ・カタラナ(crema catalana)も有名だ。クレーム・ブリュレのことで、カスタードの表面の飴の層がカリっと香ばしい。

スペインの名物デザート
アロス・コン・レチェ(上)とクアハダ(下)

2-6 レストランにて (3)

●支払い

　食事を楽しんだ後は支払い (la cuenta) になる。レジ (la caja) ではなくて、テーブルで支払うので、ウェイターを呼ぶ。¡Oiga, la cuenta, por favor!「すみません、お勘定をお願いします！」。大声で呼ぶことは避け、静かに合図するのがよい。開いた片方の手を上げ、もう一方の手でそこにサインをするようなジェスチャー (gesto) をすればすぐ理解してうなずいてくれるはずだ。

　支払いは、現金で (en efectivo) もよいし、クレジットカード (tarjeta de crédito) でもよい。しかし、あらかじめ ¿Puedo pagar con tarjeta?「カードで払えますか？」と確かめた方がいいかもしれない。

　お昼の定食などは別だが、アラカルト (a la carta) で食事をするようなときにはチップ (propina) を残すのが習慣だ。10パーセント程度が目安だが、もちろんサービスの善し悪しで決めればいい。カードで支払いをしたときも、請求書 (factura) のところに小額の現金を置いておく人もいる。

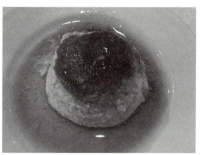

デザートの定番プリン

展開

デザートを注文してみよう。

Aki: **¿Qué tienen de postre?**
アキ: デザートは何がありますか？

Camarero: **Mire, tenemos helado, frutas del tiempo, y tarta variada.**
ウェイター: そうですね。アイスクリーム、季節の果物、それにタルトもいろいろ取り揃えておりますが。

Aki: **Yo quiero un poco de tarta.**
アキ: 私はタルトを少しいただくわ。

Marta: **Yo voy a tomar un café solo.**
マルタ: 私はブラックコーヒーにします。

デザート専門店のトゥロン

2-6 レストランにて (3)

食の単語力

デザート

postre 男	デザート
helado 男	アイスクリーム
sorbete 男	シャーベット
flan 男	プリン
pastel 男	ケーキ
tarta 女	タルト
tarta de manzana 女	リンゴのタルト、アップルパイ
tarta de queso 女	チーズケーキ
tarta de Santiago 女	サンティアゴのタルト（ガリシア地方特産。アーモンドが原料で十字章が大きく描かれている）
ensaimada 女	渦巻き型の菓子パン
arroz con leche 男	米のミルク煮（→ 188 ページ参照）
natillas 女(複)	ブリュレ
cuajada 女	クアハダ（乳を凝固させたもの。ハチミツなどをかけて食べる）
crema catalana 女	クレマ・カタラナ、クレームブリュレ
macedonia de frutas 女	フルーツポンチ
dulces 男(複)	甘い菓子、スイーツ
caramelo 男	キャンディー
bombón 男	チョコレート・ボンボン
turrón 男	トゥロン（アーモンドの粉をベースにした菓子）

2-7 日替り定食

Camarero: Aquí tienen la carta. También tenemos el menú del día. Hoy es: sopa de pescado o ensalada mixta, de primero, y filete de ternera o chuletas de cerdo, de segundo.

Hiro: Quiero comer sopa, de primero, y chuletas, de segundo.

Julio: Para mí, ensalda y filete.

語句と表現

Aquí tienen (ustedes)...	(人に何かを渡す)さあ、〜をどうぞ。
carta ㊛	メニュー
menú del día ㊚	日替り定食
Hoy (el menú del día) es...	今日は(日替り定食)は〜です。
sopa de pescado ㊛	魚のスープ
ensalada mixta ㊛	ミックスサラダ
de primero	1皿目は
filete de ternera ㊚	子牛のステーキ
chuleta de cerdo ㊛	ポークチョップ
de segundo	メイン料理(2皿目)は

2-7 日替り定食

訳

ウェイター： メニューでございます。日替り定食もございます。今日は、１皿目として、魚のスープまたはミックスサラダ。メインとしては、子牛ステーキかポークチョップとなっております。

ヒロ： ぼくは１皿目をスープ、メインはポークにします。

フリオ： ぼくは、サラダとステーキにしてください。

レストランの前で見かける日替り定食のメニュー

Aquí tienen la carta.　メニューでございます。

　Aquí tiene (usted) la cuenta.　お勘定でございます。

Quiero comer sopa, de primero, y chuletas, de segundo.
１皿目はスープ、メインはポークチョップを食べます。

　Quiero comer ensalada, de primero, y filete, de segundo.

１皿目はサラダ、メインはステーキを食べます。

スペイン食べ歩き

●日替り定食

コース料理を手ごろに楽しめるのが、menú del día「日替り定食」だ。例えば、マドリードで見かけた看板のメニューを読んでみよう。

1皿目 primer plato にはマッシュルームのスクランブルエッグ revuelto de champiñón、トマトベースの冷製スープガスパチョ gazpacho、田舎風サラダ ensalada campera、スペイン料理の代表バレンシア風パエリャ paella valenciana。スープでは野菜のミネストローネ menestra de verduras、白アスパラガスのマヨネーズソース espárragos con mahonesa があり、この中から好きなものを選べる。

PRIMER PLATO 1皿目

Revuelto de champiñón	マッシュルームのスクランブルエッグ
Gazpacho	ガスパチョ
Ensalada Campera	田舎風サラダ
Paella valenciana	バレンシア風パエリャ
Menestra de verduras	野菜のミネストローネ
Espárragos con mahonesa	アスパラガスのマヨネーズソース

SEGUNDO PLATO メイン料理

Pollo al ajillo con patatas	若鶏のニンニク風味ポテト添え
Salmón a la plancha con alioli	サケの鉄板焼アリオリソース
Albóndigas de ternera	子牛のミートボール

2-7 日替り定食

　メイン料理 segundo plato には若鶏のニンニク風味ポテト添え pollo al ajillo con patatas、鮭の鉄板焼アリオリソース salmón a la plancha con alioli、子牛のミートボール albóndigas de ternera、マドリード名物の牛胃袋のトマトソース煮込み callos a la madrileña、肉の串焼ポテト添え pinchos morunos con patatas、それに子牛のシチュー estofado de ternera の中から選ぶ。バラエティー豊かだ。

　飲み物はワイン vino、ミネラルウォーター agua mineral、または生ビール caña、ビンビール cerveza、ワイン vino から1つ選べる。アルコール類と水とが同列だ。パン pan の他にデザートもしくはコーヒーがつく。したがって、デザートを食べてからコーヒーを飲むと追加料金になる。しめて 11 ユーロだ。

Callos a la madrileña　　　　　　マドリード風牛胃袋の煮込み
Pinchos morunos con patatas　肉の串焼ポテト添え
Estofado de ternera　　　　　　　子牛のシチュー

***

Vino　　　　　　ワイン
Agua mineral　ミネラルウォーター
Caña　　　　　　生ビール
Cerveza　　　　ビール
Pan　　　　　　　パン
Postre o café　デザートもしくはコーヒー

11 €　　11 ユーロ

展開

肉か魚か

アラカルトでも、日替り定食でも、メインは肉か魚のどちらかを選ばなくてはならない。

Marta: **¿Qué te gusta más, la carne o el pescado?**
マルタ： 肉と魚のどちらが好き？

Aki: **Me gusta más el pescado.**
アキ： 魚の方が好き。

Marta: **¿Y no te apetece un buen filete de ternera?**
マルタ： おいしい子牛のステーキなんか食べたくないの？

Aki: **Prefiero, por ejemplo, unos chipirones fritos.**
アキ： それよりは、例えば、小イカのフライの方がいいかな。

Marta: **A mí me gustan tanto la carne como el pescado.**
マルタ： 私は、肉も魚も好き。

スペインの昼食はボリュームたっぷり

食の単語力

魚料理

pescado 男	魚
marisco 男	イカ、エビ、貝類
merluza a la madrileña 女	メルルーサのマドリード風
merluza a la marinera 女	メルルーサのトマトソース
besugo al horno 男	鯛のグリル
bacalao a la vizcaína 男	(野菜と焼いた) タラのビスカヤ風
bacalao al pil pil 男	(ニンニクを入れて煮た) タラの煮込み
calamares a la plancha 男(複)	イカの鉄板焼き
calamares en su tinta 男(複)	イカの墨煮
trucha al horno 女	マスのオーブン焼き
zarzuela de pescado 女	魚介類のブイヤーベース風煮込み
chipirones en su tinta 男(複)	小イカの墨煮
chipirones fritos 男(複)	小イカのフライ
parrillada de mariscos 女	シーフードの網焼き

魚料理（メニュー）

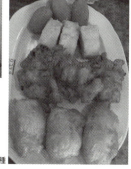

セビリア名物のタラのフライ各種

2-8 食後の1杯

Camarero: ¿Les apetece tomar algún licor?
<small>カマレロ　レス　アペテセ　トマール　アルグン　リコール</small>

Marta: No, me gustaría tomar solo un café.
<small>マルタ　ノ　メ　グスタリーア　トマール　ソロ　ウン　カフェ</small>

Julio: Yo voy a pedir una copita de coñac. Después de cenar me sienta muy bien.
<small>フリオ　ヨ　ボイ ア ペディール ウナ　コピータ　デ　コニャー　デスプエス　デ　セナール　メ　シエンタ　ムイ　ビエン</small>

Camarero: Tenemos también licor de manzana.
<small>テネモス　タンビエン　リコール デ　マンサナ</small>

Marta: Venga, entonces, tráigame un poquito.
<small>ベンガ　エントンセス　トライガメ　ウン　ポキート</small>

語句と表現

¿Les apetece... ?	〜はいかがですか？
me gustaría...	（できれば）〜したい
solo	だけ
pedir	注文する
coñac 男	ブランデー
después de...	〜の後で
sienta bien...	(< sentar 現在3人称単数形)（飲食物が）体に合う、消化によい（me は間接目的語の人称代名詞「私に」）
licor de manzana 男	リンゴのリキュール
venga	（間投詞）さあ、じゃあ

2-8 食後の1杯

> **訳**
>
> ウェイター： 何かリキュールを召し上がりますか？
>
> マルタ： やめておきます。コーヒーだけにするわ。
>
> フリオ： ぼくはブランデーを1杯頼むよ。夕食の後は、とてもおいしいからね。
>
> ウェイター： リンゴのリキュールもございますよ。
>
> マルタ： わかったわ。じゃあ、それを少しお願いします。

食後酒パチャラン

tráigame	（<traer の usted に対する命令形 + me 私に）持ってきてください
un poquito	少し（poco + 縮小辞 -ito）

¿Les apetece tomar algún licor?
何かリキュールはいかがですか？

　　¿No te apetece una copita de coñac?
　　ブランデーを1杯飲みたくない？

Me gustaría tomar solo un café.　コーヒーだけ飲みたいな。

　　Me gustaría comer algo.　何か食べたい。

スペイン食べ歩き

●食後の一杯

　ゆっくりと終えた食事の後（sobremesa）は、なお余韻を楽しみたい。ひと昔前ならば、コーヒーとブランデーを飲みながら葉巻をくゆらした。さすがに現代生活ではそこまではいかないが、食後に少しデザート酒やブランデーなどをたしなむことはめずらしくない。ブランデー（coñac と呼ばれる）や甘味が強いアニス酒（anís）、リンゴ（licor de manzana）やモモ（licor de melocotón）など甘くてソフトなリキュール、ナバラ地方原産のパチャラン（pacharán リンボクの実 andrinos が材料）と呼ばれる果実酒、orujo（スペイン北部特産。ブドウの搾りかすから作る強い蒸留酒）、その他ハーブ（hierbas）のリキュールなどが冷たく冷やして出される。1、2杯（1口、1杯を chupito と呼ぶ）飲むと、食べたものがスーッと消化される。

食後にはさまざまな果実酒をためしてみよう

2-8 食後の1杯

●酒の地方色

　食前酒の代表選手は何といってもシェリー(jerez)。ヘレス(Jerez de la Frontera)を中心にアンダルシアで作られる白ワインだが、冷やして、細長いグラスで飲む。マドリードのソル広場に立つと有名なシェリー酒ティオペペ(Tío Pepe)の看板が目に飛び込んでくる。

　アウトゥリアス(Asturias)料理店ではリンゴ酒(sidra)を味わうことができる。リンゴ酒店(sidrería)と書かれていることもある。escanciador (de sidra)と呼ばれる酌の専門家がいて、頭の上まで持ち上げたビンからグラスめがけてみごとに注ぎ込む妙技を見せてくれる。マドリードではバルのカサ・ミンゴ(Casa Mingo)が有名だ。

　カタルーニャ地方の特産は日本でもよく知られているようにスパークリングワインのカバ(cava)だ。本場のシャンパン(champán)の製法を受け継いでいるのだが、味も劣らない。

シェリー酒で有名なティオペペ Tío Pepe の看板

リンゴ酒を扱う店の看板

展開

ワインをこぼす

おいしい食事も突然災いに襲われることがある。酔いも手伝って、ワイングラスがコトッと倒れ、相手の服を汚してしまった。

（グラスが倒れ中身が相手のスカートにかかってしまう）

Hiro: **¡Ay! ¡Dios mío! Te he manchado la falda.**

ヒロ： わぁ、大変だ！スカートを汚しちゃった！

Lucía: **¡Vaya mancha!**

ルシア： わぁ、しみが！

Hiro: **¡Perdona, Lucía! ¡Mira cómo se ha puesto!**

ヒロ： ゴメン、ルシア！ ひどいことになっちゃったね。

Lucía: **No te preocupes, Hiro. Voy quitármela en el lavabo. ¿Ves? Ya casi ni se nota.**

ルシア： だいじょうぶ、ヒロ。水道で洗ってみるから。見て、ほとんど目立たないわ。

こうなったら、perdona「ごめん」を繰り返すしかない。

食後にバルで

2-8 食後の1杯

食の単語力

アルコール飲料

bebida alcohólica 囡	アルコール飲料
cerveza 囡	ビール
aperitivo 男	食前酒
digestivo 男	食後酒
chupito 男	一口の酒
cerveza de barril 囡	生ビール
caña 囡	グラスの生ビール
cerveza en botella 囡	瓶ビール
cerveza en lata 囡	缶ビール
botellín de cerveza 男	小瓶のビール
vino de la casa 男	ハウスワイン
vino dulce [seco, semiseco] 男	甘口の [辛口の、中辛口の] ワイン
champán 男	シャンパン
cava 男	カバ（カタルーニャ原産のスパーリングワイン）
whisky 男	ウイスキー
brandy 男	ブランデー
coñac 男	（スペインでは）ブランデー
ron 男	ラム酒
ginebra 囡	ジン
licor 男	リキュール
aguardiente 男	蒸留酒

セビリアのバルで

3

各地の料理

3-1 マドリードの名物料理

Hiro: **Hoy quiero comer algo típico de Madrid.**

Marta: **Entonces, te recomiendo el cocido madrileño.**

Hiro: **¿Cómo es?**

Marta: **Es un plato a base de garbanzos, carne, tocino, y a veces, tiene chorizo y patatas. Primero se sirve el caldo. Y de segundo, los garbanzos con las verduras, y, de tercero, las carnes.**

語句と表現

me gustaría ＋不定詞	〜してみたい
algo típico de...	〜の代表的な何か(料理)
te recomiendo	(< recomendar 現在1人称単数形)
	君に〜をすすめる
¿Cómo es?	それはどんなもの(料理)ですか？
plato 男	料理
a base de...	〜をベースにした、〜に基づいた
garbanzo 男	ヒヨコマメ
carne 女	肉
tocino 男	(塩漬け)豚の脂身、ベーコン
chorizo 男	チョリソ(ソーセージ)

3-1 マドリードの名物料理

訳

ヒロ： 今日は、何かマドリードの名物を食べてみたいよ。

マルタ： それじゃ、マドリード風コシードをおすすめするわ。

ヒロ： それは、どんな料理なの？

マルタ： ヒヨコマメ、お肉、ベーコン、それにときにはチョリソやジャガイモをベースにした料理よ。まず、スープが出てくるの。2皿目にはヒヨコマメと野菜。3皿目がお肉なの。

マドリード風コシード

patata 女	ジャガイモ
primero	第1に
de segundo, de tercero	2皿目に［3皿目に］
se sirve el caldo	(< servir 現在3人称単数形；再帰受身) スープが給仕される
verdura 女	野菜

típico de 〜　〜に典型的な

La paella es un plato típico de España.

パエリャはスペインの代表的料理です。

スペイン食べ歩き

●マドリード風コシード

　コシード(cocido)は煮込み料理(<cocer 煮る)を意味するが、フランス料理のポトフに似たスペインの代表的煮込み料理で、とくにマドリードのそれは有名。まず、煮込んだコンソメ味のスープ(caldo)に細いパスタ(fideos)を入れて1皿目(primer plato)として出す。2皿目(segundo plato)として、具のヒヨコマメ(garbanzos)やキャベツ(col)を食べる。肉類(carnes)が最後の3皿目(tercer plato)となる。ボリュームたっぷりで、お昼に食べると夜は何もいらないぐらい腹持ちがよい。

家庭で作るコシード

　マドリードで有名なコシードの専門店へ行ってみた。王宮の近くにある La Bola と呼ばれるこのレストランでは、素焼きの壺(puchero de barro)入りで1人前ずつ出される。スープがまず給仕され、メインとして豆と肉がいっしょに盛り付けられる。肉は腸詰類の他には鶏、羊、牛肉が入っている。薬味としてトウガラシ、タマネギ、トマトソースを好みで加える。日本人なら、2人で1人前を注文すれば十分だ。

●カスティリア地方の名物

「マドリード風」を冠した料理では他にマドリード風カヨス(callos a la madrileña)が思いつく。牛の胃袋(蜂の巣と呼ばれる部位)をトマトベースで煮込んだ料理だ。

マドリード風カヨス

範囲をカスティリア地方に広げると、ニンニク・スープ(sopa de ajo)が欠かせない(→182ページ参照)。ニンニク、パプリカ、パンがベースのカスティリア・スープ(sopa castellana)は体が温まるスープで寒い冬には欠かせない。

子豚の丸焼き(cochinillo asado)は、セゴビア(Segovia)が有名だ。カリっとローストされた子豚が皿の縁をうまく使って切り分けられる。しかし、この地方では何といっても子羊が一番のごちそうだ。なかでもレチャル(lechal 哺乳期の子羊)のローストは絶品だ。

子豚の丸焼き

展開

マドリード近郊

　マドリード近郊には、古都トレド (Toledo)、その途中にある王室の別荘地アランフエス (Aranjuez)、街を取り囲む城壁が印象的なアビラ (Avila)、大学町アルカラ・デ・エナレス (Alcalá de Henares)、それからロマンチックな城 (Alcázar) や、ローマの水道橋 (el acueducto romano) で知られるセゴビア (Segovia) など、小旅行で足をのばしてみたいところがたくさんある。

> *Julio*: **¿Qué te parece si vamos a algún sitio cerca de Madrid?**

フリオ： マドリード近郊でどこかへ行ってみようか？

> *Hiro*: **Vale. Vamos a Aranjuez. Nunca he estado allí.**

ヒロ： いいね。アランフエスへ行こうか？行ったことがないんだ。

> *Julio*: **Yo prefiero ir a Segovia. Seguro que te gustará el acueducto y, por supuesto, el cochinillo.**

フリオ： ぼくは、セゴビアの方がいいなあ。きっと水道橋、それにもちろん子豚の丸焼が気にいるよ。

セゴビアの城：セゴビア旧市街や水道橋と共に世界遺産に登録されている

食の単語力

野菜

野菜の語彙を身につけよう。

acelga 女	フダンソウ
alcachofa 女	アーティチョーク
apio 男	セロリ
berenjena 女	ナス
brécol 男	ブロッコリー
boniato 男	サツマイモ
calabacín 男	ズッキーニ
calabaza 女	カボチャ
cebolla 女	タマネギ
coliflor 女	カリフラワー
endibia 女	アンディーブ
espárrago 男	アスパラガス
espinaca 女	ホウレンソウ
lechuga 女	レタス
nabo 男	カブ、大根
pepino 男	キュウリ
patata 女	ジャガイモ
pimiento 男	ピーマン
puerro 男	ポロネギ
rábano 男	ラディッシュ
repollo 男 /col 女	キャベツ
tomate 男	トマト
verdura 女	野菜
zanahoria 女	ニンジン

小松菜に似たフダンソウ acelga

山積みのアーティチョーク alcachofa

3-2 バルセロナの名物料理

Montse: **Si quieres algo típico de Barcelona, te recomiendo butifarra y escalivada.**

Hiro: **¿Escalivada?**

Montse: **Sí, es un plato de verduras, cocido al horno, con berenjenas, pimientos rojos, cebollas, que se sirve como una ensalada.**

Hiro: **Tengo mucha hambre. Pedimos primero una botella de cava.**

語句と表現

butifarra 女	（カタルーニャの）ソーセージ
escalivada 女	エスカリバダ（野菜をオーブンで焼き、サラダのようにオリーブオイルと酢をかける）
verdura 女	野菜
cocido	料理した（< cocer の過去分詞）
al horno	オーブンで
berenjena 女	ナス
pimiento rojo 男	赤ピーマン
cebolla 女	タマネギ

バルセロナの八百屋

3-2 バルセロナの名物料理

訳

モンセ: もしバルセロナの代表的なものがいいのなら、ブティファラとエスカリバダをすすめるわ。

ヒロ: エスカリバダ？

モンセ: そう、ナスや赤ピーマン、タマネギをオーブンで焼いた野菜料理で、サラダのようにして出されるの。

ヒロ: お腹がとてもすいたよ。とりあえず、カバを1本頼もうよ。

バルセロナの代表料理エスカリバダ

que se sirve como una ensalada　サラダのように出される
* que は関係代名詞（plato「料理」が先行詞）、se sirve は servir の再帰受身現在3人称単数形、como「～として、のように」

Tengo mucha hambre.　とてもお腹がすいた。
Pedimos primero una botella de cava.　まずカバを一本注文しよう。
　Pedimos una paella.　パエリャを注文しよう。

スペイン食べ歩き

●バルセロナで食べる

　バルセロナを中心とするカタルーニャ地方はグルメの最先端を行っている。伝統的なスペイン料理から新しい方向を見出し、海外でも注目されている。地理的にも海と山にはさまれ、海の幸、山の幸のどちらもおいしい。

　ブティファラ butifarra はカタルニア産の豚の腸詰で、白インゲンを添えたもの（judías con butifarra）が名物料理。オーブンで焼いた野菜の冷製エスカリバダは焼きなすのような感触で日本人好みの味。オリーブオイル（aceite de oliva）と酢（vinagre）をかけてサラダ感覚で前菜にする。

　海の幸では、タラ（bacalao）を使ったマリネのエスケシャーダ（esqueixada）やタラのコロッケ（buñuelos de bacalao）が代表的。元漁師町バルセロネタ（Barceloneta）周辺が飲食地区として広がり、多くのシーフード（mariscos）レストランがテラスを連ねている。

シーフードの店が並ぶ元漁師町の
バルセロネタ

3-2 バルセロナの名物料理

　エビ、イカ、貝、各種魚のフライ、煮込み、グリルなど新鮮でおいしい。魚介類をふんだんに入れたパエリャもあるが、バルセロナでは、アロス・ネグロ(arroz negro)やフィデウア(fideuá)を試してみたい。イカ墨で真っ黒なアロス・ネグロは日本人好みだ。また細いパスタをお米代わりに使ったパエリャの一種がフィデウア。魚のスープで煮込んであり、パエリャに劣らぬうまさだ。

パスタ版のパエリャ・フィデウア

菓子パン・コカ

　バルセロナの街の中心部は、比較的小さいブロックに規則正しく分かれ、それぞれの区画には、銀行やミニスーパーやバル、カフェテリアが必ずそろっている。また、パン屋さんはあちこちにあり、出来立てのパンがいつでも食べられる。菓子パンも種類が多く、どれもおいしい。フランスパンにトマトを塗って食べるパン・コン・トマテ(pan con tomate：カタルーニャ語では pa amb tomaquet)についてすでにはふれた。ちょっと面白い菓子パンとして平たくて大きいコカ(coca)がある。パイ生地のようで、おやつ(merienda)によい。

展開

クレマ・カタラナ crema catalana

クレーム・ブリュレのことでカタルニアの名物デザートだ。表面は砂糖を焦がしたカラメルでおおわれている。

Hiro: **¿Tú no comes nada especial de aquí?**

ヒロ： ここの名物は何も食べないの？

Marta: **Sí, voy a tomar algo muy especial, pero después.**

マルタ： いや、特別なものを食べるわ。でも後ほどね。

Hiro: **Es crema catalana. ¿A que sí?**

ヒロ： きっと、クレマ・カタラナだね。

Marta: **¿Cómo lo sabes? ¿Ya la has probado?**

マルタ： よくわかったね。もう食べたことあるの？

Hiro: **Sí, pero para mí es demasiado dulce.**

ヒロ： うん、でもぼくには甘すぎるよ。

海辺のレストラン

食の単語力

豆／きのこ／穀物／ナッツ類

legumbre 女	豆類
judía 女	インゲン
judía verde 女	サヤインゲン
guisante 男	グリーンピース
haba 女	ソラマメ
soja 女	大豆
lenteja 女	レンズマメ
garbanzo 男	ヒヨコマメ
seta 女	キノコ
champiñón 男	マッシュルーム
arroz 男	米
trigo 男	小麦
cebada 女	大麦
maíz 男	とうもろこし
fruto seco 男	ドライフルーツ
harina 女	小麦粉
ajo 男	ニンニク
almendra 女	アーモンド
avellana 女	ヘーゼルナッツ
castaña 女	クリ
cacahuete 男	ピーナッツ
nuez 女	クルミ
piñón 男	松の実
sésamo 男	ゴマ
pasa 女	干しブドウ
pistacho 女	ピスタチオ
alimento natural 男	自然食品
alimento elaborado 男	加工食品

きのこ類

豆類

3-3 地方の名物料理

Marta: **Ayer mi papá nos hizo una paella. Y salió muy bien.**

Hiro: **Dicen que cada familia tiene su receta, ¿verdad?**

Marta: **Sí, hay muchas recetas para prepararla. Pero en general, tiene pollo, magro de cerdo, gambas, calamares, mejillones, almejas, tomates, judías, pimientos…. Por el azafrán, el arroz sale amarillo y muy sabroso.**

語句と表現

nos hizo	私たちに作ってくれた（nos 間接目的語人称代名詞 + hizo < hacer 点過去3人称単数形「(彼が)作った」）
paella 女	パエリャ
salió bien	うまくいった（< salir bien「うまくいく」点過去3人称単数形）
dicen que...	（人が）言う（< decir 現在3人称複数形 + que「ということを」）
cada familia 女	各家族
su receta 女	それぞれのレシピ
¿verdad?	（付加疑問文）～でしょう？
para prepararla	それを（la=paella）を作るために
en general	一般に
pollo 男	鶏肉

3-3 地方の名物料理

> **訳**
>
> マルタ： 昨日パパがパエリャを作ってくれたの。とてもうまくできたわ。
>
> ヒロ： それぞれの家庭で独自のレシピがあるという話だね。
>
> マルタ： そう。パエリャをつくるレシピはいろいろあるわ。でも、一般的には、鶏肉、豚の背肉、エビ、イカ、ムール貝、アサリ、トマト、インゲン、ピーマンなどが入っているわ。サフランでお米が黄色くなり、とても味がよくなるのよ。

magro de cerdo 男　豚の背肉
gamba 女　エビ
calamar 男　イカ
mejillón 男　ムール貝
almeja 女　アサリ
tomate 男　トマト
judía 女　インゲン
pimiento 男　ピーマン
por　〜によって
azafrán 男　サフラン
arroz 男　米
salir amarillo [sabroso]　黄色く[おいしく]なる

パエリャの食材として欠かせない海の幸

スペイン食べ歩き

●パエリャ paella

　パエリャという料理を知らない人はまずいないだろう。バレンシアが有名だ。鶏(pollo)やウサギ(conejo)、カタツムリ(caracoles)などを入れたパエリャが伝統的だが、一般的には米(arroz)に豚肉(cerdo)、エビ(gambas)、イカ(calamares)、ムール貝(mejillones)、アサリ(almejas)、トマト(tomates)、インゲン(judías)、ピーマン(pimientos)を具に、サフラン(azafrán)を入れて色と香りをつけて炊く。家庭により独自の食材やレシピがあり、スペインの家庭では、週末にお父さんが腕をふるうのが習慣だ(→ 176 ページ参照)。

家庭により独自レシピがある

　魚介類の一般的なパエリャ(paella de mariscos)の他に、イカ墨で炊いた黒いパエリャ(arroz negro)や米の代わりに細いパスタを用いたフィデウア(fideuá)もある。ニンニクベースのアリオリ・ソース(alioli)をつけて食べる。また、たっぷりのスープで炊くカルドソ(caldoso de arroz)と呼ばれる鍋は日本人好みだ。

3-3 地方の名物料理

●地方の名物

バスク地方の人々は、食通で知られている。とくにタラ（bacalao）やメルルーサ（merluza）など白身魚の料理は絶品だ。

北西部のガリシア地方も海の幸が中心。エビ、カニ、イカ、タコ類はどれもおいしい。とくにタコのガリシア風（pulpo a la gallega）や味噌汁を思わせるガリシア・スープ（caldo gallego）が絶品。北のアストゥリアスの代表は白インゲンとチョリソ、モルシーリャなど腸詰類を煮込んだファバダ（fabada）だ。

タコのガリシア風

アンダルシア地方では、魚介類のフライ（fritos）が有名だ。冷たいスープのガスパチョ（gazpacho）も夏の暑さを吹き飛ばしてくれる。トマトをベースに、キュウリ、オリーブオイル、酢、ニンニク、パンをミキサーでかけて、冷たく冷やし、みじん切りした野菜をトッピングする。またガスパチョよりとろみの強いサルモレホ（salmorejo）もおいしい。

魚介類のフライ

展開

地方の多様性

スペイン料理の多様性をスペイン語で表現してみよう。

La cocina española es muy variada y muy rica. En el norte se produce buen vino y se cocinan platos de pescado y marisco. En Castilla son el cocido y los callos. En Valencia es la famosa paella. Y en Andalucía hay pescaditos fritos y gazpacho para el verano.

「スペイン料理はとても多様で豊かだ。北部ではよいワインが生産され魚介類が料理される。カスティリア地方ではコシードとカヨスだ。バレンシアではパエリャが有名だ。そして、アンダルシアには小魚のフライと夏のガスパチョがある」

se produce は producir の再帰受身で「おいしいワインが生産される」。se cocinan も同じく platos de pescado y marisco を主語とする再帰受身で、「魚介類（pescado は「魚」、marisco は「イカ、タコ、エビ、貝類」）が料理される」となる。

中世の街サンディアゴ・デ・コンポステラ
（ガリシア）

食の単語力

バルの決まり表現

¡Oiga, por favor!	ちょっと、すみません！
Yo soy el [la] siguiente.	次は私（の番）です。
Te invito a una copa.	一杯おごるよ。
Me apetece...	〜が食べ［飲み］たい
Para mí...	私は〜にします。
Yo tomaré...	私は〜にします。
Es mi ronda.	次は私が払う番です。
Pago yo.	私が払います。
La próxima la pagas tú.	次は君が払って。
Otra de lo mismo.	同じものをお代わり［もう一杯］。
¡Que aproveche!	（食事をしている人、これから始める人に）「おいしく召し上がれ」というあいさつ。言われたら、Gracias「ありがとう」と返事する。

フライ fritura の専門店で（セビリア）

3-4 スペインのワイン

Julio: **Con la comida bebemos mucho vino.**

Hiro: **España tiene una gran variedad de vinos buenos.**

Julio: **Claro, vinos de Rioja, Cataluña, Ribera del Duero, y de La Mancha.**

Marta: **También tenemos jerez, vinos blancos fríos del norte, y cava de Cataluña.**

語句と表現

con la comida	食事とともに
vino 男	ワイン
España 女	スペイン
gran variedad de...	とても多様な〜
vinos buenos 男(複)	おいしいワイン（複数形で種類を表現）
claro	もちろん
jerez 男	ヘレス、シェリー
frío	冷たい
del norte	北部の
cava 男	カバ（カタルーニャ地方の発泡ワイン）

3-4 スペインのワイン

> **訳**
>
> フリオ: 食事をしながらたくさんワインを飲むよ。
>
> ヒロ: スペインは本当においしいワインのバラエティに富んでいるね。
>
> フリオ: もちろん、リオハやカタルーニャ、リベラ・デル・ドゥエロ、それに、ラマンチャなどね。
>
> マルタ: それからシェリーや北部の冷たくして飲む白ワイン、それにカタルーニャのカバもね。

リベラ・デル・ドゥエロ

España tiene una gran variedad de vinos buenos.

スペインにはとても多様なおいしいワインがある。

Este bar tiene una gran variedad de tapas.

このバルにはいろんな種類のタパスがあるよ。

カタルーニャのカバ

スペイン食べ歩き

●スペインのワイン

スペインの食生活とワインは切っても切り離せない。ワインの生産量では世界第3位といわれる。朝の休憩時間から1杯やる人もいる。ワインは食事のときの飲み物の代表格。地方にもよるが、マドリードなどでは赤ワイン(vino tinto)が一般的だ。日替り定食(menú del día)に含まれる飲み物(bebida)は、ワインかビール、清涼飲料、それにミネラルウォーターからの選択になる。ワインをたのむと2人に1本出てくる。それぐらい手ごろだ。

スペインの各地方でおいしいワインを味わうのは楽しみだ。産地のベスト3をあげると、まずラ・リオハ(La Rioja)のリオハ(Rioja)。それからカスティリア・レオン(Castilla-León)地方のリベラ・デル・ドゥエロ(Ribera del Duero)、そしてラマンチャ(La Mancha)地方のバルデペニャス(Valdepeñas)となるだろう。そこにカタルーニャ(Cataluña)地方ならペネデス(Penedès)が加わる。

①リアス・バイシャス
②リベイロ
③リベラ・デル・ドゥエロ
④ラ・リオハ
⑤ペネデス
⑥バルデペニャス

3-4 スペインのワイン

　スペインでは各地のワインの品質保持のため、審査の上、原産地呼称（denominación de origen）が与えられる制度がある。なかでも特選の原産地呼称をもつリオハの赤ワインは、独特のオーク樽（roble）で熟成させた濃厚な味わいをもち、これぞスペインのワインと思える。

　白ワイン（vino blanco）はガリシア（Galicia）地方ではアルバリーニョ種（Albariño）のブドウで造られた、リアス・バイシャス（Rias Baixas）やリベイロ（Ribeiro）がよく知られている。"vinos fríos"と呼ばれ、冷たくして飲むが、魚介類とよく合う。

　地方の個性あるワインとしては、まずカタルーニャ地方のカバ（cava）だろう。シャンパンの製法を受け継いだ発泡性ワインで、シャンパンにも負けないおいしさだ。また、本場のヘレス・デ・ラ・フロンテーラ（Jerez de la Frontera）を中心とするアンダルシアのシェリー（jerez）も世界的に知られた白ワインだ。その多くが英国やオランダなどヨーロッパの国々に輸出される。辛口で軽めのfino、同じく軽めだがより香りがあるmanzanilla、琥珀色でより香りが強いamontillado、そして色も香りも濃厚なolorosoと好みで選ぶ。主として食前酒として飲まれる。

さっぱりしたマンサニーヤ（セビリアで）

展開

飲み物

　暑いときの飲み物の代表格は生ビール(caña)だ。冷えた1杯のビールで生き返る。赤ワインに果物やラム酒(ron)と砂糖を混ぜたサングリア(sangría)も日本でよく知られている。

Lucia: **¿No tienes sed?**
ルシア： のど渇かない？

Aki: **Sí, con este calor me apetece algo fresco.**
アキ： うん、この暑さじゃ、何か冷たいものを飲みたいね。

Lucia: **¿Vamos a tomarnos una caña?**
ルシア： 生ビールにしようか？

Aki: **Yo me tomaría algo más suave.**
アキ： 私はもう少し軽いものがいいなあ。

Lucia: **¿Por qué no pides sangría?**
ルシア： サングリアにしたら？

スペインのおいしい生ビール

3-4 スペインのワイン

食の単語力

ワイン

vino tinto [blanco, rosado] 男	
	赤ワイン[白ワイン、ロゼ]
vendimia 女	ぶどうの収穫
bodega 女	酒蔵、醸造元
gran reserva > reserva > crianza > vino joven	
	赤ワインの熟成度の表示（長いものから順に）
seco [dulce, semiseco]	
	辛口の［甘口の、セミドライの］
cuerpo 男	ボディー、(赤ワインの) コク
afrutado	フルーティーな
denominación de origen 女	
	原産地呼称制度（地方のワインの品質を保護、保証する）
cava 男	発泡性ワイン（シャンパンと同じ製法による。主にカタルーニャで生産される）
jerez 男	シェリー
sangría 女	サングリア（赤ワインにラム酒、砂糖、カンキツ類などの果物を加える）
orujo 男	ぶどうの搾りかすから作る焼酎に似た蒸留酒
anís 男	アニスの種子で香りをつけた蒸留酒
sidra 女	リンゴ酒（アストゥリアス地方やバスク地方産。グラスに注ぐ酌人のことを escanciador と呼ぶ）

リンゴ酒を注ぐ

3-5 ラテンアメリカ食べ歩き

　スペイン語はスペインを含め 23 の国と地域で話されている。4 億をこえる総人口のうち、スペイン人は 10 分 1 の 4,000 万人余りだ。本書で見てきた「おいしいスペイン語」は、そのスペイン人の食べる営みに限られていることになる。スペインだけでも食の地域差が少なくない。ましてや、広大なスペイン語圏全体の食について語ることは不可能だ。

　「スペイン語」の語彙や文法の地域的な違いを研究する目的でこれまでメキシコ、キューバ、南米の国々、それにアメリカ合衆国のスペイン語を話す地域を現地調査してきた。そのような機会に口にした料理について、印象論になることをおそれずに簡単にスケッチしておこう。

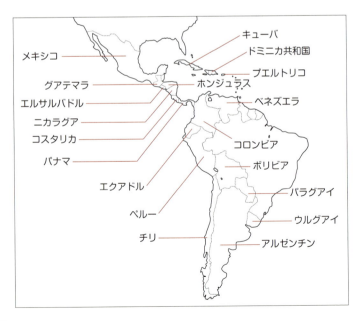

メキシコ

ラテンアメリカの料理で最も日本に浸透しているのはメキシコ料理かもしれない。タコス (tacos) はたいていの人が知っているだろう。メキシコ料理の基本はトウモロコシ (maíz)、フリホール (frijoles) と呼ばれるインゲンマメ、アボカド (aguacate)、それにトウガラシ (chile) ということになる。

メキシコ料理といえばタコス

トウモロコシの生地 (masa) を薄くし、焼いたトルティーリャ (tortilla) は主食で、パンの代わりになる。スペインの卵のトルティーリャとはまったく別物だ。トルティーリャの皮に刻んだ肉やトウガラシベースのピリ辛ソース、アボカドをペースト状にしたワカモレ (guacamole) などをはさんだタコスは毎日食べても飽きない。

トルティーリャやチーズをベースにした料理にチラキレス (chilaquiles)、エンチラーダ (enchilada) などがあるが、メ

キシコ料理の一番のごちそうはモレ(mole)とされる。鶏や七面鳥にチョコレートベースの茶色いソースをかけた料理。一見ギョッとするが、マイルドでおいしい。

チョコレートソースのモレ

キューバ

カリブ海の島国キューバの主食材は米、バナナ、フリホールだ。イモ類、トウモロコシもよく使われる。写真はトウモロコシのスープ(tamal de maíz)。メインとして米に、豚肉、ジャガイモ、黒インゲン(frijoles negros)が添えられた定食はキューバのごく代表的な料理であると教えられた。主要作物のサトウキビからできる砂糖はキューバの基幹産業だが、サトウキビから作るラム酒も大事な輸出品だ。

トウモロコシスープ

モヒート（mojito）やダイキリ（daiquiri）はラム酒をベースにしたトロピカルなカクテルだ。

キューバの代表的なカクテル・モヒート

アンデス地域の料理

南米のアンデス地域ではペルー、ボリビア、エクアドル、コロンビアなどの首都を回った。食べた料理は、メキシコ料理や南のラプラタ川流域の料理とも違う。ジャガイモ、米、トウモロコシ、魚の比率が増し、われわれの胃袋にもよく合う。

ペルー料理で有名なものといえばまずセビチェ（cebiche）。魚介類のマリネだ。写真はリマのレストランで各種代表的な料理を盛り合わせてもらったものだ。トウモロコシ、ジャガイモ、アンティクーチョ（anticucho：牛の心臓の串焼き）など肉類。香草やニンニクベースのソースなどを用い洗練された料理という印象を受けた。

盛り合わせ（リマ）

コロンビアの首都ボゴタの中心街では、サラリーマンでにぎわうビジネスランチを食べてみた。

スープは野菜たっぷりのコンソメ。メインはジャガイモ、マメ、牛肉に白いごはん。山盛りで半分しか食べられなかった。

ボゴダでビジネスランチ

野菜スープとメイン（ボゴダ）

エクアドルの首都キトはおだやかな気候で過ごしやすい。リマとも共通するが、海の幸、ジャガイモ、トウモロコシをよく食べる。エクアドル料理の盛り合わせが plato típico と呼ばれる。エクアドルはバナナの生産で有名だが、揚げバナナ、アボカド、豚肉の炒めたもの、ジャガイモとチーズを焼いたもの、セビチェなどが少しずつ盛られていた。

ボリビアの首都ラパス（La Paz）は標高 3,650 メートルだ。空港のあるエル・アルト（El Alto）市は 4,000 メートルもある。高山病にならずとも、食欲は低下、息苦しさをおぼえる。そん

3-5 ラテンアメリカ食べ歩き

なとき勧められるのがコカ茶(mate de coca)だ。鎮静作用があるという。

ジャガイモスープや、ジャガイモの上に薄切り牛肉と野菜、目玉焼きを乗せたメインを食べた。マイルドな味付けですんなり身体に入ってくる。

コカ茶

ジャガイモスープ

薄切り肉とジャガイモ

ボリビアは海に面していない内陸の国だが、チチカカ湖(el lago Titicaca)の恵みであるマス(trucha)やペヘレイ(pejerrey)という淡水魚をよく食べる。名物のマスのフライを試してみた。

ペルーやボリビアなどのアンデス地域では、アルパカ(alpaca)やモルモットの大きい種類のクイ(cuy)を料理にするというがまだ試していない。

マスのフライ（ボリビア）

内陸の国ボリビアの食卓事情

　同じアンデス諸国でも、エクアドルやペルーなど豊かな沿岸部をもつ国に比べると、ボリビアはかなり肉食の国だといえる。チチカカ湖で獲れる美味しい淡水魚はいろいろあるが、やはり魚はぜいたく品だ。牛肉、鶏肉、豚肉、羊肉に加え、ラクダ科のリャマやアルパカも食用になる。また、日本でもお馴染みの心臓やレバーだけでなく、パンサ(panza: 胃袋)やリニョン(riñón: 腎臓)など、内臓もさまざまに調理される。肉料理なくしてボリビアの食卓は語れない。豚のかたまり肉を黄色いアヒ(ají: トウガラシ)で豪快に煮込んだフリカセ(fricasé)は、専門店がしのぎを削る人気料理の一つだ。

　寒冷な山岳地域では、干物文化が発達している。牛やリャマの薄切り肉に塩をふりかけて天日に干したチャルケ(charque)は、カリカリに揚げるととてもおいしい。羊のあばら肉を骨ごと塩漬けにして干したチャローナ(chalona)は、煮込むと味わい深いスープができる。そして、ボリビアの干物文化を代表するのはやはりチューニョ（chuño)だろう。標高およそ4千メートル、夜は氷点下になる高原部では、星空の下にジャガイモを並べて凍らせておき、朝日を浴びて溶けたところを踏みしめて脱水する。これをくり返すと、カチカチの黒い石のようなイモの乾物、チューニョができあがる。水でもどして調理すると、モチッとした食感と独特の風味がなんともクセになる。作物に恵まれない高地の冬のための保存食が、人々に愛される名物料理になっている。

（梅崎かほり）

フリカセ（ラパス市内）：チューニョはフリカセの名脇役

アルゼンチン

広大なパンパと牧畜の国アルゼンチンのイメージは肉料理だ。実際骨付きの牛あばら肉を炭火で豪快に焼くアサード（asado）はこたえられない。ロース（bife de chorizo）やヒレ（bife de lomo）も大きい塊のまま出される。

アサード asado

焼き肉レストラン

アルゼンチン、ウルグアイ、パラグアイなどラプラタ川流域の国々の大切な食習慣の一つは、マテ茶だ。いつも、容器（mate）とパイプ（bombilla）とポットを持ち歩き、家族、友人、同僚で回し飲みをする。

マテ茶

パラグアイの首都アスンシオン（Asunción）ではチパ売り（chipera）を見た。チパ（chipa）はマンディオカ（mandioca）と呼

チパ

ばれる山芋（キャッサバ）とチーズで作ったもちもちパンだ。

このように、ラテンアメリカに広がる同じスペイン語圏でも、地理、気候、風土によって食材、料理法は異なる。一方で、トウモロコシ、ジャガイモ、肉などの分布が広大なアメリカ大陸でゆるやかな地域区分を見せていることも実感する。

4

買い物・食材

4-1 サン・ホセ市場にて

Montse: **Hiro, esto es el "estómago" de Barcelona. Es el mercado de San José.**

Hiro: **Hay pescaderías, carnicerías, verdulerías…**

Montse: **Aquí se vende de todo.**

Hiro: **Vamos a hacer la compra, Montse.**

語句と表現

esto	これ
estómago 男	胃
mercado 男	市場
se vende	売られる（<vender「売る」の再帰受身）
de todo	何でも
hacer la compra	（その日の）買い物をする（= comprar）

鮮魚店

4-1 サン・ホセ市場にて

> **訳**
>
> モンセ： ヒロ、これがバルセロナの「胃袋」よ。サン・ホセの市場のことよ。
>
> ヒロ： 鮮魚店、精肉店、青果店なんかがあるね。
>
> モンセ： ここは何でも売っているの。
>
> ヒロ： 買い物をしようよ、モンセ。

サン・ホセ市場

Aquí se vende de todo. ここには何でも売っています。

Aquí hay de todo. ここには何でもあります。

Vamos a hacer la compra. (今日の) 買い物をしよう。

Ayer salimos de compras.
昨日私たちはショッピングに出かけました。

精肉店

スペイン食べ歩き

●サン・ホセの市場

　バルセロナの中心にあるカタルーニャ広場（Plaza de Cataluña）から海岸に通じるランブラス通り（Las Ramblas）を歩いてみる。観光地として大人気のこの散策路の両側には花屋や本屋、小鳥屋など露天商が軒を連ねており、大道芸を眺めるのも楽しい。また、リセウ劇場や、グエル邸、レアル公園などにも面しているが、そんなランブラス通りを海に向かってしばらく歩くと右側にラ・ボケリーア（La Boquería）とも呼ばれるサン・ホセ市場（Mercado de San José）があり、活気にあふれている。

　新鮮な肉類や魚介類、野菜、果物、ハム、チーズ、オリーブやきのこ、豆類、木の実、ワインなど豊かなスペイン人の食生活を垣間見ることができる。サン・ホセ市場は海に近いせいか、鮮魚店が多く競い合っているように見える。刺身用のマグロをさばいてくれる店もある。

生ハムの店

ニンニクや乾物が並ぶ店先

●スペインの市場

スペイン人の食にかける情熱は、市場をのぞいてみるとよくわかる。バルセロナのサン・ホセ(Mercado de San José)やマドリードのサン・ミゲル(Mercado de San Miguel)、ラ・パス(Mercado de La Paz)のように有名な市場だけではない。それぞれの街の各地区(barrio)には住民には欠かせない市場がある。午前中に肉類、野菜、鮮魚などは売り切れてしまい、午後には店の多くがシャッターを下ろす。昼食(comida)が1日の中心であるスペインの食が満たされてしまうからだろう。オリーブの実やスパイス、オイル、ナッツ類、ハム・ソーセージ類、ワインの店などは引き続き営業している。

オリーブの実も様々だ

魚をさばく

混み合った市場では勇気を出して、欲しいものを要求しないと、いつまでたっても買い物を終えられない。番号札をとるシステムを導入している店では心配ないが、順番がくると、¿Qué quería? とか、¿Qué le pongo?「何にしましょう？」と威勢のいい掛け声がかかる。Un kilo de bacalao.「タラを1キロ」とか Medio kilo de sardinas, por favor.「イワシ半キロお願いします」などと、大きな声で答えよう。

展開

サン・ミゲル市場

　マドリードにも市民の「胃袋」がある。中心街のマヨール広場の西側に隣接したサン・ミゲル市場 (Mercado de San José) もその一つだ。昔ながらの市場を、リニューアルしたようだが今や観光スポットになっている。

Montse: **¿Hacemos la compra para la cena?**
　モンセ：　夕食の買い物をしましょうか？

Hiro: **Vale. Vamos a comprar aquí gambas, mejillones, y ahí champiñones y fruta.**
　ヒロ：　いいね。ここでエビ、ムール貝、そこでマッシュルームと果物を買おうよ。

Montse: **Oye, no compremos tantas cosas, que luego tenemos dolor de "estómago".**
　モンセ：　ねえ、そんなにたくさん買わないでおこうよ。あとで、お腹が痛くなるわ。

マドリードのサン・ミゲル市場

食の単語力

鮮魚店

pescado 男	魚	chipirón 男	小イカ
marisco 男	魚介類（エビ・カニ・貝類）	pulpo 男	タコ
		gamba 女	小エビ、芝エビ
atún 男	マグロ	langostino 男	車エビ
besugo 男	タイ	langosta 女	ロブスター
bacalao 男	タラ	cigala 女	テナガエビ
salmón 男	サケ	centollo 男	毛ガニ
trucha 女	マス	bogavante 男	オマールエビ
merluza 女	メルルーサ	cangrejo 男	カニ
lubina 女	スズキ	mejillón 男	ムール貝
lenguado 男	シタビラメ	almeja 女	アサリ
rape 男	アンコウ	ostra 女	カキ
sardina 女	イワシ	berberecho 男	ザル貝
anchoa 女	アンチョビ	vieira 女	ホタテ
bonito 男	カツオ	navaja 女	マテ貝
anguila 女	ウナギ	percebe 男	カメノテ
angula 女	ウナギの稚魚	caracol 男	カタツムリ
calamar 男	イカ	erizo de mar 男	ウニ
sepia 女	コウイカ		

テナガエビ cigala

カメノテ percebe

4-2 デパートで

> *Hiro:* **Oiga, por favor, ¿dónde puedo encontrar un sacacorchos?**
> *Dependiente:* **Sí, señor, en la sección de cocina. Está en la primera planta.**
> *Hiro:* **Gracias. Y el supermercado está en el sótano, ¿verdad? Quiero comprar jamón y queso.**
> *Dependiente:* **No, señor. Está en la última planta, en la octava. El ascensor está ahí a la derecha.**

語句と表現

señor 男	男性に対する敬称
oiga	(呼びかけ) もしもし
¿dónde?	どこに、どこで
puedo	(<poder「〜できる」現在1人称単数形) 私は〜できる
encontrar	見つける
sacacorchos 男	コルク抜き
dependiente 男	店員
sección de cocina 女	料理、調理用品のコーナー
primera planta 女	1階(日本の2階に相当)
supermercado 男	スーパーマーケット
sótano 男	地下、地下階

4-2 デパートで

訳

ヒロ： ちょっと、すみません。栓抜きはどこにありますか？

店員： ええ、それはですね、調理用品のコーナーです。2階でございます。

ヒロ： ありがとう。それと、スーパーマーケットは地階ですよね。ハムとチーズを買おうと思うのですが。

店員： いいえ。9階の最上階でございます。エレベーターはそこの右にございますよ。

デパートの売場

¿verdad?	（付加疑問文）〜でしょう？
comprar	買う
jamón 男	生ハム
queso 男	チーズ
última planta 女	最上階
octavo [a]	8番目の
ascensor 男	エレベーター
ahí	そこに
a la derecha	右手に

El ascensor está ahí a la derecha.　エレベーターはそこの右手にあります。

El servicio está ahí a la izquierda [al fondo].
トイレはそこの左手［つき当たり］にあります。

125

スペイン食べ歩き

●デパート (grandes almacenes)

　外国人観光客がとまどうのは、買い物の時間帯だ。食事の時間とも関係するが、お昼時（1時頃から4時頃の間）に閉店する店舗が少なくない。この時間帯に買い物をしようとうろつく外国人が目につく。週末も同様で、土曜日や日曜日にまとめて買い物しようと計画しても、行ってみたら閉店ということがよくある。

　デパートはその点、お昼どきにも買い物ができるから便利だ。大規模なデパート、エル・コルテ・イングレス（El Corte Inglés）はマドリードやバルセロナだけではなく、地方の都市にも店舗を展開していて助かる。

　スペインの建物（アパート、マンションなど）は1階がbajo、2階（primer piso）から序数（primero, segundo, tercero,…）を用いて1階ずつ加算していく。デパートの階はplantaというが、1階はplanta baja、2階から順にprimera planta、3階はsegunda plantaとなるので要注意。地下はsótano。

デパートはお土産を買うのにもよい

●ショッピング

スーパーはスペインでも各町内(barrio)にあり、家庭の胃袋を満たしている。街中のスーパーは、郊外の大規模なスーパー(hipermercado あるいは略してhiper と呼ぶ)やデパート内のスーパーマーケットに比べると規模が小さく、小回りがきく。

地元のスーパー

ところで、スペインの人たちの食料品の買い方はわれわれと規模が違う。買い物のカート(carro)やカゴは日本のスーパーにあるものの2倍はある。その巨大カートにどんどん食材が投げ込まれていく。肉やピーマン、タマネギ、ジャガイモやオレンジなどの野菜や果物のパックがキロ単位で売られている。いくつもの大きな手さげ袋(bolsa de plástico)をぶらさげて帰る姿に感動する。

一方、中心街にはブティックが並ぶが、ファッションビル(centro comercial)でも買い物を楽しむ人でにぎわう。少し高級だが、セラーノ通りにある ABC Serrano や El Jardín de Serrano ではスペインの最新の流行をのぞくことができる。

大通りグランビアで買い物

展開

スーパーで

スーパーでのやりとりを見てみよう。

買い物カゴは cesta de la compra、カートは carro de la compra という。

Señora: **Por favor, ¿dónde encuentro carros?**
　婦人： すみません。カートはどこですか？

Dependienta: **Ahí por la caja.**
　女性店員： あそこのレジのところです。

Señora: **Vale. Y, ¿dónde puedo dejar estas bolsas?**
　婦人： わかりました。で、このバッグはどこに預けられますか？

Dependienta: **Sí, al lado de la caja está la consigna.**
　女性店員： ええ、レジの横に預かり所があります。

Señora: **Gracias. Muy amable.**
　婦人： どうも、ご親切に。

ソル広場

食の単語力

ショッピング

planta baja ⼥	1階
primera planta ⼥	2階
segunda planta ⼥	3階
última planta ⼥	最上階
sótano 男	地下
supermercado 男	スーパーマーケット
hipermercado 男	大規模スーパー
centro comercial 男	ショッピングセンター、ファッションビル
mercado al aire libre 男 / mercadillo 男	青空市場
caja ⼥	レジ
carro [carrito] de la compra 男	カート
bolsa de plástico ⼥	レジ袋
cesta ⼥	買い物かご
consigna ⼥	ロッカー、荷物預かり所
rebaja ⼥	セール、バーゲン
oferta ⼥	特売品
carnicería ⼥	精肉売場
pescadería ⼥	鮮魚売場
verdulería ⼥	野菜売場
charcutería ⼥	ハム・ソーセージ売場
congelados 男(複)	冷凍食品
lácteos 男(複)	乳製品
panadería ⼥	パン売場
bebidas ⼥(複)	飲み物
fecha de caducidad ⼥	賞味期限

4-3 果物を買う

Frutero: **¡Hola, señorita! ¿Qué le pongo?**

Aki: **Quiero naranjas.**

Frutero: **Dos euros el kilo.**

Aki: **Vale, deme un kilo.**

Frutero: **Aquí tiene. ¿Qué más quiere?**

Aki: **¿A cómo están esas uvas?**

Frutero: **Están a uno ochenta.**

Aki: **Pues, póngame medio kilo.**

Frutero: **¿Algo más?**

Aki: **No, nada más, gracias.**

語句と表現

frutero 男	青果商
señorita 女	（未婚婦人）お嬢さん
¿Qué le pongo?	何にしましょうか？
un kilo	１キロ
naranja 女	オレンジ
euro 男	ユーロ
el kilo	１キロにつき
deme	（< dar の usted に対する命令形 + me「私に」）私に〜をください
Aquí tiene	（人に何かを渡すときの表現）さあどうぞ
más	さらに、もっと
¿A cómo están...?	どんな値段になっていますか。

豊富な果物

4-3 果物を買う

> 訳
>
> 果物商： いらっしゃい、お嬢さん！ 何にしましょう？
> アキ： オレンジをください。
> 果物商： 1キロ2ユーロです。
> アキ： いいわ。1キロください。
> 果物商： さあ、どうぞ。他には何を？
> アキ： ブドウはおいくら？
> 果物商： キロ1ユーロ80です。
> アキ： じゃあ、0.5キロください。
> 果物商： 他には？
> アキ： いえ、それだけでいいわ、ありがとう。

uva 女　　　　　ブドウ
a uno (euro) ochenta (céntimos)
　　　　　　　　1ユーロ80センティモに
pues　　　　　 それじゃ
póngame (< poner の usted に対する命令形 + me「私に」)
　　　　　　　　私に〜をください
medio kilo 男　　0.5キロ
¿Algo más?　　 他に何かありますか？
nada más　　　 これ以上ない

Póngame medio kilo.　0.5キロください。

　Póngame una cerveza.

　（バルなどで注文する）ビールお願いします。

スペイン食べ歩き

●買い物をしてみる

混み合った市場では勇気を出して、欲しいものを要求しないと、いつまでたっても買い物ができない。これはバルで、飲み物やタパスを注文するときも同じことだ。呼びかけの第一声が大事だ。

¡Oiga, por favor!「ちょっとすみません！」
と叫んでみよう。喧騒を突っ切って、店主やウェイターの耳に届き、Sí, dígame.「はい、何にしましょうか」という返事が返ってきたらしめたものだ。

それでも、朝夕の食材の買い物は大変だ。近頃は市場でも客が番号札を取って順番を待つシステムを導入している店が多い。日本では銀行などで見るあれだ。ただし、番号を呼ぶのはあくまで店員だ。もちろん機械化されていない店では、列をつくる(hacer cola)。この場合は、最後尾にいるらしい人に、¿Quién es el último [la última]?「どなたが最後ですか？」と尋ねる。Soy yo.「私です」と答えた人の後ろに並ぶことになる。

さて運よく順番が回ってくると、店員が ¿Qué quería? とか、¿Qué le pongo?「何にしましょう？」と威勢のよい掛け声をかけてくる。スペインでは、果物でも、野菜でも、肉でもキロ(kilo)単位が普通だ。買うものが決まっていれば、Un kilo de naranjas.「オレンジを1キロ」とか Medio kilo de

新鮮な魚を買うにも大きな声で呼びかける

gambas, por favor.「エビ0.5キロ」、Un cuarto de este queso「このチーズ4分の1キロ」などと、大きな声で答えればよい。

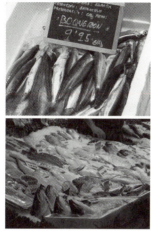

鮮魚店で買い物

しかし、品物の質はどうなのか心配だし、値段はどうなのか気になる。

¿Qué tal están las sardinas?「イワシはどんなですか?」
と鮮度や味を尋ねてみる。Están muy frescas.「新鮮そのものですよ」の返事を待って心を決めればよい。

つぎは値段だ。

¿Cuánto es?「いくらですか?」
でもよいが、毎日の値段の動きを気にして、

¿A cómo están esas uvas?「そのブドウは今日はどんな値段がついているの?」
と聞くこともできる。状態を表す動詞estarが用いられている。

Están a uno ochenta.「1キロ1ユーロ80になります」
のような答えが返ってくるはずだ。

展開

魚を買う

今度は魚を買ってみよう。

Pescadero: **¡Siguiente! ¿Quién es el último?**
鮮魚店員： はい、次。どなたが次ですか？

Julio: **Soy yo.**
フリオ： 私です。

Pescadero: **¿Qué le pongo, señor?**
鮮魚店員： 何にしましょうか。

Julio: **¿Qué tal están los boquerones?**
フリオ： カタクチイワシはどんなですか？

Pescadero: **Están fresquísimos.**
鮮魚店員： 新鮮そのものですよ。

Julio: **Venga, deme un kilo.**
フリオ： それじゃ、1キロください。

fresquísimo は fresco「おいしい」+ ísimo「とても〜」（絶対最上級）。

鮮度や価格を聞いてみよう

食の単語力

果物

naranja 女	オレンジ
uva 女	ブドウ
manzana 女	リンゴ
fresa 女	イチゴ
fresón 男	大粒のイチゴ
níspero 男	ビワ
limón 男	レモン
melón 男	メロン
plátano 男	バナナ
melocotón 男	モモ
pera 女	洋ナシ
cereza 女	サクランボ
sandía 女	スイカ
ciruela 女	プラム
albaricoque 男	アンズ
higo 男	イチジク
pomelo 男	グレープフルーツ
castaña 女	クリ
granada 女	ザクロ
piña 女	パイナップル
arándano 男	ブルーベリー
membrillo 男	マルメロ
mandarina 女	ミカン
frambuesa 女	ラズベリー
chirimoya 女	チリモヤ（南米原産。中身は白くてクリーミー）

森のアイスクリームと称されるチリモヤ

4-4 ハムやチーズを買う

Charcutero: **Buenas tardes, señor. ¿Qué desea?**

Julio: **Quiero trescientos gramos de este jamón serrano y uno de esos chorizos.**

Charcutero: **Muy bien. Son trece euros. ¿Algo más?**

Julio: **Sí, deme un cuarto de aquel queso manchego. ¿Quiere cortarlo en lonchas?**

Charcutero: **Si quiere manchego, le recomiendo este.**

語句と表現

charcutero 男	ハム・チーズ店の店主
¿Qué desea (usted)?	(<desear「望む」現在3人称単数形) 何にいたしましょう？
trescientos gramos	300グラム
jamón serrano 男	生ハム
uno de esos chorizos	そこにあるチョリソの1本
trece euros	13ユーロ
deme (< dar「与える」ustedに対する命令形 + me「私に」)	私に〜をください
un cuarto de	4分の1キロ (=250グラム)
aquel	あの
queso manchego 男	マンチェゴ・チーズ

4-4 ハムやチーズを買う

ハム店主： いらっしゃいませ。何にいたしましょう？

フリオ： この生ハム300グラムと、そこにあるチョリソを1本ください。

ハム店主： わかりました。13ユーロになります。他には何か？

フリオ： ええ、あのマンチェゴ・チーズを4分の1キロください。スライスしてもらえますか？

ハム店主： マンチェゴでしたら、こちらをおすすめしますよ。

生ハム各種

¿Quiere...?	〜してください
cortarlo	それ (マンチェゴ・チーズ) を切る
en lonchas	スライスにして
si (usted) quiere	もしお望みなら
le recomiendo	(le「あなたに」+ recomendar「勧める」現在1人称単数形)
este (queso manchego)	このマンチェゴ・チーズ

Deme un cuarto de aquel queso manchego.
あのマンチェゴ・チーズを4分の1キロください。

Deme un kilo de este jamón serrano.
この生ハムを1キロください。

スペイン食べ歩き

●ハム・ソーセージ

タパスの中でも一番楽しみなのは生ハム(jamón serrano)だろう。薄くスライスした生ハムの香りが口いっぱいに広がる。カリっとしたパンにはさんで食べるハムのボカディージョ(bocadillo de jamón)も捨てがたい。ドングリの実で育ったイベリコ豚の生ハム(jamón ibérico de bellota)はエストレマドゥーラが有名な生産地で、グレードの高さを感じさせる。また、アンダルシアのウエルバ(Huelva)の町ハブゴの生ハム(jamón de Jabugo)はとりわけ絶品。

ハムのボカディージョ

イベリコ豚の生ハム

ソーセージ類(embutidos)では、チョリソ(chorizo)が代表的なスペインの味だ。豚肉にニンニク、パプリカ、香辛料を加え、タパスやボカディージョや、煮込み料理の味付けなどに欠かせない。豚の血をベースにしたモルシーリャ(morcilla)もスペインの代表的なソーセージで、米粒を詰めたものもある。他にサラミもあり、サルチチョン(salchichón)と呼ばれる。

●チーズ

　チーズ(queso)もまたスペインの食生活には欠かせない食材である。ワインとともに、また、ボカディージョやサンドイッチにはさんで食べる。

　スペインを代表するチーズをいくつかあげよう。最もスペインらしいのがケソ・マンチェゴ(queso manchego)だろう。ラ マンチャ (La Mancha)産の羊乳チーズで特有の強いにおいが赤ワインや肉料理とよく合う。ブルゴス産のケソ・デ・ブルゴス(queso de Burgos)は主に牛乳のフレッシュチーズでソフトで食べやすい。アストゥリアス(Asturias)を代表するのは何といっても牛、羊、山羊の乳を混ぜたカブラレス(Cabrales)だ。ブルーチーズ特有の強いにおいとピリッとした味で、慣れるとやみつきになる。ガリシア(Galicia)産のテティーリャ(tetilla)は「乳房」のチーズという意味だが、文字通り円錐形で、牛乳からできた半熟成のチーズでやわらかくてクセがない。

スペインを代表するマンチェゴ

ブルゴス

展開

チーズを買う

チーズを試食して買ってみよう。

Marta: **A ver, ¿puedo probar este queso?**
マルタ: どれどれ、このチーズを試食してもいいですか？

Venderodor: **Sí, aquí tiene. ¿Qué tal?**
店員: さあどうぞ。いかがですか？

Marta: **Efectivamente, está muy sabroso. Venga, deme un cuarto**.
マルタ: なるほど。とてもおいしいわ。じゃあ、4分の1キロください。

Venderodor: **¿Algo más?**
店員: 他には何か？

Marta: **No, gracias.**
マルタ: いいえ、ありがとう。

¿Puedo probar este queso?「このチーズ試食してもいいですか？」の表現を覚えておこう。este queso のところに何でも入れて次々試食してみるのはどうだろうか。

スペインならではのチーズを試してみよう

食の単語力

ハム／チーズ

charcutería 女	豚肉加工食品（店）、ハム・ソーセージ店
embutido 男	腸詰
chorizo 男	チョリソ（スパイスの効いたソーセージ）
jamón serrano 男	生ハム
jamón ibérico 男	ハモン・イベリコ（ドングリ（bellota）をエサに飼育した高級生ハム）
jamón de Jabugo 男	ハモン・デ・ハブゴ（ウエルバ県の Jabugo 村産のイベリコ豚のハムは最高級とされる）
jamón (de) york 男	（加熱処理した）ハム
morcilla 女	モルシーリャ（豚の血にたまねぎ、香辛料などを加えたソーセージ）
salami 男	サラミ
salchichón 男	サラミソーセージ
salchicha 女	（細い）ソーセージ
tocino 男	ベーコン
queso 男	チーズ
loncha 女	薄切り、スライス
queso manchego 男	（La Mancha の）マンチェゴ・チーズ
tetilla 男	（Galicia の）テティーリャ・チーズ
cabrales 男 複	（Asturias のブルーチーズ）カブラレス

ハム類の盛り合わせ

4-5 調味料

Hiro: **¡Qué bien huele!**

Julio: **Sí, son gambas al ajillo.**

Hiro: **A mí todo preparado con ajo y aceite de oliva me chifla.**

Julio: **A mí, también. Venga, vamos a merendar algo en este bar.**

語句と表現

¡Qué bien huele!	（感嘆文）なんていい匂いだ！（< oler 現在3人称単数形）
gambas al ajillo 女(複)	エビのアヒージョ（ニンニクオイル煮）
a mí me chifla...	chiflar「～は～が大好きだ」

gustar と同じように間接目的語をとる。me「私には」が好きな主体。a mí は me の強調形。

todo	すべて、何でも
preparado con...	～で作られた
ajo 男	ニンニク
aceite de oliva 男	オリーブオイル

4-5 調味料

> ヒロ： いい匂いだなあ！
>
> フリオ： うん、エビのアヒージョだよ。
>
> ヒロ： ぼくはニンニクとオリーブオイルで料理したものならなんでも大好きだ。
>
> フリオ： ぼくも。それじゃ、このバルで何かつまむことにしようか。

マッシュルームのアヒージョ

A mí, también (me chifla)　ぼくも大好きだ (me chifla が省略)
venga 　　　　　　　　　　(間投詞) さあ
vamos a merendar algo　　 (勧誘) 何かつまもうよ

A mí todo preparado con ajo y aceite de oliva me chifla.
ぼくはニンニクとオリーブオイルで料理したものならなんでも大好きだ。

Me chifla (Me gusta) la paella.
私はパエリャが大好き (好き) です。

スペイン食べ歩き

●ニンニクとオリーブオイル

　スペイン料理のうまみを出す2大調味料はニンニク(ajo)とオリーブオイル(aceite de oliva)だろう。陶製の器にエビとニンニクのみじん切りを入れ、オリーブオイルで焼くエビのアヒージョ、ニンニクオイル煮(gambas al ajillo)はその最高傑作といえる。エビをマッシュルーム(champiñón)に代えてもよい。

　スペインの広大な国土にオリーブ畑(olivares)が広がっている。オリーブの実(aceitunas)とオリーブオイル(aceite de oliva)はその大いなる恵みだといえる。ビールやワインを注文するととりあえずオリーブの実が何粒かおつまみ(tapa)で出てくる。オリーブオイルは揚げ物や炒め物に使うことはもちろん、サラダ(ensalada)のドレッシングとして酢(vinagre)とともに用いられる。スペインの食卓には酢とオリーブオイルが用意されていて、自分で割合を調合しながら好みの味にする。

オリーブ専門店にて

● 「おいしい！」の表現

料理が「おいしい」は estar rico [bueno]。

Esta carne está muy rica. この肉はとてもおいしい。

レストランで食後、ウェイターに賛辞を贈ってみる。

Todo estaba muy bueno. 全部おいしかったです。

「おいしそう」は tener buena pinta。

Tiene buena pinta. おいしそう。

さらに、よだれが出るほどであれば、

Se me hace la boca agua. よだれが出そう。

いい匂いが漂ってくると、

Huele muy bien. いい匂いがする。
¡Qué buen aroma! 何ていい香りだ！

とつい口から喜びの声がもれてしまう。

ついつい指をなめたくなるほどうまい場合は、chuparse los dedos という言い方もある。

La paella está para chuparse los dedos.
このパエリャは指をなめたくなるほどうまい。

「おいしい！」の表現を覚えておこう

展開

ピリ辛

メキシコや中南米と違い、スペイン人は概してピリ辛は苦手だ。日本に来ると、ワサビやカラシ、カレーなどに苦戦する。

Julio: **Me encanta el sushi, pero lo tomo sin wasabi.**
寿司は好きだけど、食べるときはわさびを入れないよ。

Hiro: **¿Pica?**
辛い?

Julio: **Sí, mucho.**
うん、とても。

Hiro: **Bueno, y ¿los callos madrileños y los pimientos de Padrón?**
でもマドリード風カヨスやパドロンのピーマンはどうかな?

例外的に、牛の胃袋をトマトソースで煮込んだカヨス (callos) はほんのりトウガラシ風味で、シシトウのようなパドロンのピーマンは時々辛いことがある。Los pimientos de Padrón algunos pican y otros no.「パドロンのピーマンは辛いのは当たり外れがある」という言い方がある。他にもタパスで食べるパタタ・ブラバ (patatas bravas) はフライドポテトに辛いトマトソースがかかっていたりする。

胃袋の煮込みカヨス

食の単語力

調味料／香辛料

condimento 男	調味料
especia 女	香辛料
azúcar 男	砂糖
sal 女	塩
pimienta 女	コショウ
vinagre 男	酢、ビネガー
aceite de oliva 男	オリーブオイル
salsa 女	ソース
mayonesa 女	マヨネーズ
miel 女	ハチミツ
mantequilla 女	バター
mermelada 女	ジャム
almíbar 男	シロップ
canela 女	シナモン
salsa de soja 女	醤油
caldo 男	ブイヨン
ketchup 男	ケチャップ
harina 女	小麦粉
guindilla 女	トウガラシ
ajo 男	ニンニク
pimentón 男	パプリカ
azafrán 男	サフラン
alioli 男	アリオリ

(ニンニクとオリーブオイルで作ったソース。フィデウアなどカタルーニャ料理には欠かせない)

hierba aromática 女	香草、ハーブ
orégano 男	オレガノ
perejil 男	パセリ
albahaca 女	バジル
menta 女	ミント
romero 男	ローズマリー

サフランや粉末のパプリカ

アリオリ・ソース

5

キッチンで

5-1 大みそか

Lucía: **La Puerta del Sol sigue siendo un sitio con mucha vida de día y de noche.**

Hiro: **Pasé la Noche Vieja aquí con unos amigos.**

Lucía: **¿Hubo mucho jaleo?**

Hiro: **Sí, los jóvenes estaban cantando y bailando con botellas de champán en la mano.**

Lucía: **¿Comiste las doce uvas de la suerte?**

語句と表現

sigue siendo（< seguir「続ける」現在3人称単数形 + ser 現在分詞）
　　　　　　　　　　　　　　～であり続けている
sitio 男　　　　　　　　　　場所
con mucha vida de día y de noche
　　　　　　　　　　　　　　昼夜ともとても活気のある
pasé（< pasar 点過去1人称単数形）私は過ごした
la Noche Vieja 女　　　　　　大みそか
hubo（< hay「～がある」の点過去形）～があった
jaleo 男　　　　　　　　　　騒ぎ
jóvenes（< joven の複数形）男(複) 若者たち

5-1 大みそか

ルシア: ソル広場はいつでも変わらず、昼夜ともにとても活気にあふれた場所よ。

ヒロ: 大みそかは友人たちとここで過ごしたんだ。

ルシア: 大騒ぎだった？

ヒロ: うん、若者たちは手にシャンパンのビンを持って、歌ったり踊ったりしていたよ。

ルシア: 幸運の 12 粒のブドウは食べたの？

ソル広場の夜

---

estaban cantando y bailando（< estar「いる」線過去 3 人称複数形 + cantar, bailar 現在分詞）歌ったり踊ったりしていた

botella de champán ㊛　　　　シャンパンのビン

mano ㊛　　　　　　　　　　手

comiste（< comer「食べる」点過去 2 人称単数形）
　　　　　　　　　　　　　　君は食べた

las doce uvas de la suerte ㊛(複)　幸運の 12 粒のブドウ

スペイン食べ歩き

●クリスマス休暇

　カトリックの国スペインの人々が一番楽しみにする年中行事はクリスマス(Navidad)だろう。クリスマスイブ(Noche Buena)には家族がそろう。学校もその頃には休みに入り、年明けの公現節(el día de los Reyes Magos: 東方の三博士礼拝の祝日)の日(1月6日)まで続く。家庭ではイエス降誕の場面を描いた模型(nacimiento あるいは belén と呼ばれる)を飾り付け、通りにはお祝いの電飾が施され、気分が高まってくる。しかし、イブ当日は街中ひっそりと静まり返る。家族そろって家で食事をする。子どもたちにとっては、プレゼントが楽しみだ。また、1月6日の公現節(los Reyes)の日はカトリックの国にとっては重要な祝祭日で、この日にも子どもたちはプレゼントをもらえる。

　クリスマスに比べると、お正月(Año Nuevo)は日本ほどの盛り上がりはない。しかし、大みそか(Noche Vieja)は、夜中まで食べたり飲んだりしながら新年を迎える。夜半12時の時報に合わせて、「12粒の幸運のブドウ(las doce uvas de la suerte)」を一粒ずつほおばる習慣はよく知られている。マドリードの中心にあるソル広場(la Puerta del Sol)では大勢の市民が集まり、時計台の鐘に合わせてブドウを

大みそかのマヨール広場

食べ、新年の幸を祈る。またホテルや宴会場などで、コティジョン(cotillión)と呼ばれるパーティーが催され、踊ったり歌ったり、ショーを見たりしながら新年を迎える人も多い。

● **マドリードの祝祭日**

スペインには多くの祝祭(fiesta)がある。3大祭は、バレンシアのサン・ホセの火祭(Las Fallas: 3月19日)、セビリアの春祭(Feria: 4月または5月)、そして、牛追いで有名なパンプローナの

マドリードの聖週間

サンフェルミン(San Fermines：7月6日〜14日)だ。全国的に大事な祝祭は聖週間(Semana Santa)で、3月または4月の間の1週間、聖像を載せた山車(paso)が街中を練り歩く。セビリアのパレードが最も有名だが、マドリードでも山車が出て、人々が行列する。

地方ごとに独自の祝祭があるが、マドリードはサン・イシドロ(San Isidro)の祝祭だ。5月15日のこの祭の日には闘牛が行われたり、陶器市やコンサートなどが開かれる。写真は、サン・イシドロの祝日のマヨール広場。地元の人々や観光客が、子供たちに伝統的な衣装を着せて記念写真をとったり、買い物をしたり、コンサートを聴いたりしている。

サン・イシドロの祝日 (マヨール広場)

展開

誕生日

年中行事の中には誕生日も入るかもしれない。アキの誕生日を仲間が祝っている。

Julio: **¡Feliz cumpleaños, Aki!**
誕生日おめでとう、アキ！

Hiro: **¡Felicidades!**
おめでとう！

Aki: **Gracias.**
ありがとう。

Marta: **Esto es para ti.**
これ、プレゼントよ。

Aki: **Uy, ¿qué es?**
あら、何だろう。

Marta: **Es una sopresa.**
サプライズだよ。

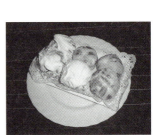
サンイシドロの祝日に食べるロスキーリャ rosquillas

Hiro: **¡Sopla las velas!**
（誕生日のケーキが出される）ロウソクの火を消して！

Julio: **Vamos a brindar. ¡A la salud de Aki!**
それでは、乾杯しよう。アキの健康に！

Todos: **¡A tu salud!**
（全員で）乾杯！

Hiro: **¡Feliz cumpleaños, Aki!**
アキ、おめでとう！

Lucía: **¡Por ti!**
乾杯！

食の単語力

食事で使う表現

hambre 女	食欲
Tengo hambre.	私は空腹です。
sed 女	のどの渇き
Tengo sed.	私はのどが渇いています。
lleno[a]	満腹の
Estoy lleno.	ぼくは満腹だ。
tener resaca	二日酔いである
Tengo resaca.	私は二日酔いです。
¡Salud!	乾杯！
¡Chinchín!	乾杯！
brindar por...	～に乾杯する
¡Por...!	(誰かのために)に乾杯！
¡Que aproveche!	おいしく召し上がれ！

＊食事を始める人、すでに食事している人に向かって。こちらは食事しなくてもよい。言われたら Gracias. と答える。¡Buen provecho! も同じように使う（101 ページ参照）。

gusto 男	好き嫌い、好み
probar	味見する、試食する
¿Puedo probar este queso?	
	このチーズ味見してもいいですか？
vegetariano[a] 男 / 女	ベジタリアン、菜食主義者
comilón[lona] / glotón[tona] 男 / 女	大食い
gastronomía 女	グルメ

クリスマスに食べるトゥロンはアーモンドの粉がベースで、ヌガーのような味わい

5-2 パーティー

Marta: **Julio, ven aquí, por favor.**
Julio: **Sí, Marta, ya voy.**
Marta: **¿Puedes llevar estos platos al comedor?**
Julio: **Sí, Marta.**
Marta: **Mira a ver si tenemos vino y agua.**
Julio: **Sí, tenemos una botella de vino en la mesa y agua en la nevera.**

語句と表現

ven	(venir「来る」の tú に対する命令形)来て
ya	すぐに
voy	(ir「行く」現在1人称単数形)私は行く
¿Puedes...?	(依頼)〜してくれる？
llevar	もって行く
plato 男	皿、料理
al	< a + el
comedor 男	食堂
mira a ver	(< mirar「見る」の tú に対する命令形 + a ver)見てみて、チェックして

5-2 パーティー

訳

マルタ： フリオ、こっちへ来てくれる。

フリオ： うん、いま行くよ、マルタ。

マルタ： このお皿を食堂へ運んでくださる？

フリオ： うん、マルタ。

マルタ： ワインと水があるか見て。

フリオ： うん、テーブルにはワインが1本出ているし、冷蔵庫には水があるよ。

ホームパーティーもよく開かれる

si	～かどうか
vino 男	ワイン
agua 女	水
botella 女	ビン
mesa 女	テーブル、食卓
nevera 女	冷蔵庫

¿Puedes llevar estos platos al comedor?
このお皿を食堂へもって行ってくれる？

  ¿Puedes venir aquí un momento?
  ちょっとこっちへ来てくれる？

スペイン食べ歩き

● **キッチン**

これまで招かれたことのあるスペインの知人・友人宅で受けた印象では、どの家庭でもキッチン(cocina)がとても清潔で、きれいに片づけてある。台所用品、食器棚、調味料などがきちっと整理され、ピカピカに磨き上げられている。

かつて、マドリードのアパートに住んだときに、窓からちょうど階下の台所が見えたので、毎日のように観察したことがある。奥さんが食事の準備をし、食べ終わったら食器を洗い、片づけるのだ。

食器を洗って、乾かし、食器棚にしまうのは当然だとして、その後、包丁やまな板を洗って片づける。鍋類を同じくきれいにして収納。コンロやキッチンシンクを磨き上げる。調味料を一つひとつ、引き出しにしまい込む。こうしてシステムキッチンの上からは全てが片付けられ、まっさらに戻る。これが数時間後のメリエンダや夕食になると、改めて全行程が念入

キッチンを片づける

りに反復される。敬服するとともに、ふり返ってあまりにもおおらかなわが家のキッチンを眺めてはタメ息が出たものだ。

5-2 パーティー

● **ホームパーティー**

　隣人や友人、職場の同僚とパーティーをする。そのようなパーティではだいたいハムやチーズ類、各種タパス、切り分けられた肉類がテーブルに並び、最後にデザート。着いたらまず、飲み物が出される。ビールか、シェリー、ワイン、ノンアルコールのソフトドリンク、ミネラルウォーターなどから選びながら、おしゃべり開始。席に着く場合もあれば、グラス片手に立食ということもある。

　主人が、食器や飲み物、手作りの料理などを甲斐がいしく運ぶ。腕によりをかけて炊き上げたパエリャをふるまったり、ローストされた骨付き子羊を切り分けたりすることもめずらしくない。

　ケータリング（catering：カテリンと発音）という手もある。サラダやピザ、パエリャなどをデリバリーしてもらう。

　マドリードのような大都会でも近郊の団地（urbanización）などでは、夏祭が行われる。露店（chiringuitos）や、アトラクション（espectáculo）があったり、日本の縁日と錯覚することがある。

　日本では、学校や職場の飲み会、家族で外食と外で親睦することが多いのに対し、スペインでは家庭が親交の中心だといえる。

パーティーはまずオードブルから

展開

食卓の準備

Marta: **¿La mesa ya está puesta, Julio?**
フリオ、食卓の準備はできたの？

Julio: **Sí, y los vasos y los cubiertos ya están en la mesa.**
うん、コップやナイフ・フォーク類もテーブルの上に出ているよ。

Marta: **Entonces, ¿puedes cortar el cordero?**
それじゃあ、子羊を切ってくださる？

Julio: **De acuerdo.**
わかった。

Marta: **Y, Hiro, ¿puedes server el vino?**
それから、ヒロ、ワインをついでくれる？

Hiro: **Sí, con mucho gusto.**
うん、もちろん。

poner la mesa は「食卓の準備をする」の意味。cubiertos はナイフ・フォーク・スプーン類をまとめて表す。

友人たちとパーティー

食の単語力

食器／食卓用品

utensilios de la mesa 男(複)	食器類
vaso 男	コップ
copa 女	(脚つき)グラス
taza 女	カップ
plato 男	皿
tenedor 男	フォーク
cuchillo 男	ナイフ
cuchara 女	スプーン
cucharilla 女	ティースプーン
cubierto 男	スプーン・フォーク、ナイフの一式(cubiertos)、また、それぞれを指す
copa de vino 女	ワイングラス
copa de champán 女	シャンパングラス
jarra de cerveza 女	ビールのジョッキ
vajilla 女	食器
fuente 女	大皿
platillo 男	小皿
mantel 男	テーブルクロス
posavasos 男	コースター
servilleta 女	ナプキン
delantal 男	エプロン
salvamanteles 男	テーブルマット
palillos 男(複)	箸
cerámica 女	陶器
aparador 男	食器戸棚
porcelana 女	磁器

5-3 調理にチャレンジ

Marta: **Oye, Julio. Échame una mano.**

Julio: **¿Qué hago?**

Marta: **¿Puedes poner el estofado a fuego lento?**

Julio: **Vale. No te preocupes.**

(…)

Marta: **Pero, ¿qué es esto? ¡Madre mía! Está negro como el carbón.**

語句と表現

oye	ねえ
Échame una mano	(< echar「投げる」の tú に対する命令形) 手助けして
¿Qué hago?	(hago < hacer「する」現在 1 人称単数形) 何をすればいい？
poner ... a fuego lento	～を弱火にかける
estofado 男	シチュー
No te preocupes	(< preocuparse「心配する」の否定命令形) 心配しないで
¡Madre mía!	(感嘆文) たいへんだ！

5-3 調理にチャレンジ

> **訳**
>
> マルタ： ねえ、フリオ。手伝って。
>
> フリオ： 何をしたらいい？
>
> マルタ： シチューを弱火でかけておいて。
>
> フリオ： わかった。心配ないよ。
>
> (……)
>
> マルタ： ねえちょっと、これどうしたの？何てことなの！炭のように真っ黒じゃないの！

---

estar negro como el carbón　　炭のようにまっ黒だ

¿Puedes poner el estofado a fuego lento?
シチューを弱火にして。

　Primero vamos a cocer la carne a fuego fuerte.

　まず肉を強火で煮ましょう。

菓子店 confitería

食の単語力

この最終課では、さらに「単語力」のアップをめざそう。

調理器具

utensilios de cocina 男(複)	（キッチン）調理器具
cacerola 女	両手鍋
cazo 男	片手鍋
olla 女	深鍋
olla exprés 女 /olla a presión 女	圧力鍋
cazuela 女	浅い土鍋
botija 女	素焼きの水差し
sartén 女	フライパン
vaporera 女	蒸し器
tapa 女 /tapadera 女	ふた
manopla 女	鍋つかみ
salvamanteles 男	鍋敷き
paleta 女	フライ返し
batidor 男	泡立て器
colador 男	濾し器
pelapatatas 男 / mondador 男	皮むき器
escurridor 男	ざる
tamiz 男	ふるい
hervidor 男	やかん
vaso graduado 男	計量カップ
báscula 女	秤(はかり)
tabla de picar 女	まな板
cuchillo 男	包丁
brocheta 女	串
salero 男	塩入れ

浅い土鍋 cazuela

素焼きの水差し botija

azucarero 男	砂糖入れ
vinagrera	(酢や油などの)調味料入れ
film transparente 男	ラップ
papel de aluminio 男	アルミホイル
cafetera 女	コーヒーポット、コーヒーメーカー
tetera 女	ティーポット
jarra 女	壷、ジョッキ
cucharón 男	おたま
mortero 男	すり鉢
abridor 男 / abrebotellas 男	栓抜き
abrelatas 男	缶切り
molinillo de café 男	コーヒーミル
vasija 女	容器
cuenco 男 /bol 男	ボール
rallador 男	おろし金
sacacorchos 男	コルク抜き

家電

cocina 女 /hornillo 男	コンロ
hornillo de gas 男	ガスコンロ
cocina eléctrica 女 /hornillo eléctrico 男	電気コンロ
frigorífico 男 /nevera 女 /refrigerador 男	冷蔵庫
congelador 男	冷凍庫
horno 男	オーブン
microondas 男	電子レンジ
tostador 男	トースター
batidora 女	ミキサー
licuadora 女	ジューサー
lavaplatos 男 /lavavajillas 男	食器洗い機

計量単位

kilo 男	キロ
gramo 男	グラム
un kilo [medio kilo] de carne 男	1[半]キロの肉
litro 男	リットル
par 男	1対
docena 女	ダース
pedazo 男 /pieza 女	1つ、1個
una pizca de (sal) 女	(塩)1つまみ
cucharada 女	大さじ1杯
cucharadita 女 / cucharilla 女	小さじ1杯
ración 女	1皿分
racimo 男	〔果実・バナナ・ぶどうの〕房
loncha 女	(ハム・チーズなど)1枚、1切れ
rebanada 女	(パン)1枚
rodaja 女	(レモン、魚など輪切りの)スライス
raja 女	(くし形に切ったメロンやスイカの)1切れ
trozo 男	1片、1かけ
cortar en trozos	ぶつ切りにする
botella 女	瓶
lata 女	缶
caja 女	箱
paquete 男	包み、パッケージ
bolsa 女	袋

海の幸のパエリャ

料理の動詞表現①

料理で使う動詞の表現をまとめてみよう。

《火を使う》
asar	焼く
asar la carne	肉を焼く
calentar	温める、熱くする
calentar el aceite	油を熱する
cocer	煮る
cocer el arroz a fuego fuerte [vivo]	強火で米を炊く
cuajar	固める
cuajar el huevo	卵を固める
dorar	こんがり焼く
dorar la cebolla a fuego fuerte	タマネギを強火でキツネ色にする
enfriar	冷やす
enfriar la ensalada	サラダを冷やす
estofar	煮込む、シチューをつくる
estofar la carne	肉を煮込む
freír	揚げる、炒める
freír la cebolla	タマネギを炒める
guisar	煮込む
guisar las lentejas	レンズ豆を煮込む
hervir	沸かす
hervir el agua	お湯を沸かす
rehogar	軽く炒める
rehogar los ajos	ニンニクを軽く炒める
saltear	ソテーする
saltear la cebolla	タマネギをソテーする

レシピ編

スペイン料理を代表する4つの料理にチャレンジしてみよう。家庭により自慢のレシピがあるが、ここで紹介するのはその一つ。これをもとに自分流の作り方を工夫してみてほしい。

1   Tortilla de patatas

Ingredientes (para 4 personas)
1 cebolla mediana
5 ó 6 patatas
Aceite de oliva abundante
5 huevos
Sal

Preparación

1. Picamos la cebolla y cortamos las patatas en láminas. Añadimos sal al gusto y mezclamos.

2. En una sartén ponemos aceite suficiente para que empape bien las patatas y la cebolla y freímos los ingredientes a fuego lento, removiendo de vez en cuando, unos 20 minutos hasta que queden blandos. Una vez terminado este paso, al gusto se pueden dorar un poco las patatas a fuego fuerte para darles un toque crujiente.

ジャガイモのトルティーリャ

　まず、タパスの中でも別格のジャガイモのトルティーリャを作ってみよう。スペイン風オムレツと呼ばれることもあるが、主役はたっぷりのジャガイモだ。

材料（4人分）	
タマネギ（中ぐらい）	1個
ジャガイモ	5、6個
オリーブオイル	多め
卵	5個
塩	

作り方

1. タマネギをみじん切りにし、ジャガイモは薄切りにする。塩を適量入れて混ぜ合わせる。

2. フライパンにジャガイモとタマネギが浸る程度に十分油を注ぎ、ときどきかき混ぜながら、材料がやわらくなるまで20分ほど弱火で炒める。この段階が終わると、好みでジャガイモをカリッとさせるために強火できつね色にしてもよい。

3. Se escurren las patatas del aceite y se dejan enfriar un poco.

4. En un bol batimos los 5 huevos hasta que estén bien mezclados. Y añadimos un poco de sal.

5. Metemos las patatas en el bol y los mezclamos bien con el huevo.

6. Ponemos aceite en una sartén y cuando esté caliente agregamos la mezcla del paso 5.

7. Ponemos la tortilla a fuego medio. Cuando la parte del fondo haya cuajado, tapamos la sartén con una tapadera o plato y le damos la vuelta a la tortilla, volvemos a ponerla en la sartén y dejamos que cuaje por el otro lado. Según se prefiera, se puede dejar el huevo más o menos cuajado en el interior.

レシピ1 ジャガイモのトルティーリャ

3. ジャガイモの油をこして、少し冷ます［注：熱いまま卵の中へ入れると卵が固まってしまう］。

4. ボールの中で卵がよく混ざるまでかき混ぜる。これに塩を少々加える。

5. ボールにジャガイモを入れ、卵と十分混ぜ合わせる。

6. フライパンに油をひき、熱くなったら5.の混ぜたものを入れる。

7. トルティーリャを中火にかける。裏側が固まってきたら、フタか皿でフライパンにふたをし、裏返す。そして再びフライパンにもどし、表面も固まるようにする。好みで、内部の卵の固さを火にかける時間で調節する。

語句

ingrediente 男	材料	persona 女	人
cebolla 女	タマネギ	mediano[a]	中ぐらいの
patata 女	ジャガイモ		
aceite de olive 男	オリーブオイル	abundante	たくさんの
huevo 男	卵	sal 女	塩
picar	細かく切る	cortar	切る
en láminas	スライスに	añadir	加える
al gusto	好みで	mezclar	混ぜる
sartén 女	フライパン	suficiente	十分な
empapar	浸す	freír	揚げる、炒める
removiendo	(< remover) かき混ぜて		
de vez en cuando	ときどき	hasta que…	～するまで
quedar blando	やわらかくなる	una vez	一度
terminado	(過去分詞 < terminar) 終わったら		
paso 男	ステップ	dorar	キツネ色にする
a fuego fuerte	強火で	dar un toque	感じを与える
crujiente	カリッとした	escurrir	(水分を) 切る
enfriarse	冷める	bol 男	ボール
batir	かき混ぜる		
esté[n]	(接続法現在 < estar)		
mezclado	(過去分詞) 混ざった		
meter	入れる	poner	入れる
estar caliente	熱い	agregar	加える
mezcla 女	混ぜたもの	a fuego medio	中火で
parte 女	部分	fondo 男	底、裏
cuajar	固める	tapar	フタをする
tapadera 女	フタ	plato 女	皿
dar la vuelta a…	～を裏返す	volver a	再び～する
dejar	～させておく	el otro lado	反対側
según	～によって		
prefiera	(接続法現在 < preferir) 好む		
más o menos	より多くあるいは少なく		
interior 男	内部		

食の単語力

料理の単語

al carbón	炭火焼きの
al vapor	蒸した
a la parrilla	網焼きの
a la plancha	鉄板焼きの
al horno	オーブンで焼いた
frito[a]	揚げた
salteado[da]	ソテーした
en escabeche / en adobo	マリネした
poco hecho[a]	レアで
medio hecho[a]	ミディアムで
bien hecho[a]	ウェルダンで
a fuego fuerte[vivo]	強火で
a fuego medio	中火で
a fuego lento[suave]	弱火で、とろ火で
en lata / enlatado[a]	缶詰の
en botella/ embotellado[a]	ビン詰の
crudo[a]	生の
congelado[a]	冷凍の
ahumado[a]	燻製の
relleno	詰め物した
cocina 女	料理
preparación 女	作り方
receta 女	レシピ
sobremesa 女	食後のひととき
sabor 男	味
conserva 女	缶詰；(複)保存食品
congelados 男(複)	冷凍食品
envasado[da] al vacío	真空パックの
instantáneo[a]	インスタントの
comida preparada 女	惣菜、調理済み食品
especialidad 女	名物料理
fecha de caducidad 女	賞味期限
parrillada 女	バーベキュー

2. Paella de mariscos

Ingredientes (para 4 personas)

100-200 gramos de gambas pequeñas

Unas cuantas gambas grandes o langostinos para decorar

Un calamar mediano

200 gr de almejas

Unos cuantos mejillones

Pescado blanco al gusto (mejor rape o bacalao fresco)

Un pimiento rojo

2 tomates maduros grandes

4 ó 5 dientes de ajo

3 tazas de arroz

Un poco de azafrán (vale también colorante o sazonador)

3 ó 4 cucharadas de aceite de oliva

1 limón

Preparación

1. Se cuece la cabeza de las gambas aparte para preparar el caldo con sabor a mariscos (se puede emplear caldo de pescado en su lugar).

海の幸のパエリャ

　日本で最も知られているスペイン料理はおそらくパエリャだろう。ここで紹介するのはシーフードを具材に使うものだが、鶏肉などを加えてミックスにしてもよい。

材料（4人分）	
小さめのエビ	100～200グラム
飾り用の大き目のエビないしは車エビ	数尾
イカ	中1杯
アサリ	200グラム
ムール貝	数個
白身魚（好みで。アンコウや生のタラが好ましい）	
赤ピーマン	1個
熟したトマト	大2個
ニンニク	4, 5片
米 [注：洗わない]	3カップ
サフラン	少々（着色料でも可）
オリーブオイル	大さじ3, 4杯
レモン	1個

作り方

1. 魚介風味のだしをつくるためにエビの頭を別に煮ておく。
   [注：魚介のブイヨン、なければ固形のコンソメ、ブイヨンなどを代用してもよい]

2. Se corta el ajo en unos 6 u 8 trozos cada diente, el pimiento rojo en trozos de unos 2 centímetros y el tomate pelado en cubos. Hacemos el mismo tipo de corte con los calamares y el pescado blanco.

3. Ponemos a calentar 3 ó 4 cucharadas de aceite de oliva en la paellera o sartén y añadimos los ajos para rehogarlos a fuego suave. Tras unos minutos, el aceite habrá cogido el sabor de los ajos y estos estarán dorados, es entonces cuando ponemos a rehogar el pimiento rojo hasta que se ablande. Luego añadimos el calamar y las almejas, y rehogamos. Tras esto añadimos el pescado y el tomate, y rehogamos hasta que este último se deshaga. Añadimos entonces las gambas y mezclamos. (Si añadimos las gambas demasiado pronto, es muy posible que se deshagan si son pequeñas.)

4. Añadimos el azafrán o el sazonador y mezclamos bien.

5. Cuando la mezcla tenga un color amarillo uniforme, se añade el arroz y se rehoga bien.

6. A fuego lento, añadimos el caldo resultante de cocer las cabezas de las gambas o el caldo de pescado (medido el doble de caldo que de arroz) y distribuimos bien los ingredientes mezclando un poco. Lo ponemos a cocer a fuego medio durante unos 15 minutos. Al poco de cocer, colocamos las gambas

2. ニンニクは1片を6〜8つに刻む。ピーマンを2センチ角に切る。トマトは皮をむいてザク切りにする。イカや白身魚も同じ大きさの角切りにしておく。

3. パエリャ鍋かフライパンにオリーブオイルを大さじ3, 4杯ひき、弱火でニンニクを炒める。2, 3分して油にニンニクの風味がつき、ニンニクに色がついたら、赤ピーマンを加え柔らかくなるまで炒める。それからイカ、アサリを入れ、炒める。さらにタラ、トマトを入れて、トマトがくずれるまで炒める。そこで小さめのエビを加える（エビを早く入れすぎると、くずれてしまうので注意）。［注：最後にのせる飾り用のエビに焼き目をつけたい場合はここで一緒にさっと炒めて、取り出しておく］

4. サフラン（もしくは着色料）を加えて具が均等に黄色くなるまで十分混ぜ合わせる。

5. 全体が均等に黄色くなったら、米を加えて、よく炒める。

6. 弱火のまま、あらかじめとっておいたエビの煮汁もしくは魚介のブイヨンを（米の倍程度）加え、具が全体にいきわたるように混ぜ合わせる。これを中火にして15分程度炊く。炊けたら大きめのエビまたは車エビ、ムール貝などをのせて火を通す。［注：好みで、車エビとムール貝は米を炊き始めてしばらくしてからのせてもよい］

grandes o langostinos y los mejillones encima y se irán cocinando con el calor.

7. Cuando se haya consumido el agua y notemos que está el fondo tostado, se apaga el fuego, se aparta del mismo y se cubre con un paño o trapo limpio. Se deja reposar unos 7 minutos más o menos. Se decora con limón y se sirve.

語句

gramo (男)	グラム	gamba (女)	エビ
pequeño[a]	小さい	unos [as] cuantos[as]	若干の
grande	大きい	langostino (男)	車エビ
decorar	飾る	mejillón (男)	ムール貝
calamar (男)	イカ	almeja (女)	アサリ
pescado blanco (男)	白身魚	major	よりよい
rape (男)	アンコウ	bacalao (男)	タラ
fresco[a]	新鮮な		
pimiento rojo (男)	赤ピーマン	tomate (男)	トマト
maduro[a]	熟した		
diente (男)	（ニンニクの）1片		
ajo (男)	ニンニク	taza (女)	カップ
arroz (男)	米	azafrán (男)	サフラン
valer	役立つ		

colorante (男) / sazonador (男)　着色料
cucharada (女)　大さじ1杯
aceite de oliva (男)　オリーブオイル

se cuece (< cocer)	煮られる	cabeza (女)	頭
aparte	別に	preparar	準備する
caldo (男)	だし汁、ブイヨン		
sabor a mariscos (男)　魚介風味			
emplear	用いる	en su lugar	その代わりに
cortar	切る	centímetro (男)	センチ

レシピ2　海の幸のパエリャ

7. 水気がなくなり、底がパリっとしてきたら火を止め、火から下ろして布をかぶせ、7分ほどむらしておく。レモンを飾って食卓に出す。[注：レモンは太く切り、たっぷりかける]

pelado	（過去分詞 < pelar）皮をむいた		
cubo 男	サイコロの形	mismo tipo 男	同じ種類
corte 男	切り方	calentar	熱する
paellera 女	パエリャ鍋	rehogar	軽く炒める
tras	〜の後で	cogido	（過去分詞 < coger）取った
entonces	そのとき		
ablande	（接続法現在 < ablandar）やわらかくする		
luego	後で		
este último	最後のもの（＝トマトのこと）		
se deshaga	（接続法現在 < deshacerse）くずれる		
tenga	（接続法現在 <tener）もつ		
color 男	色	amarillo	黄色い
uniforme	均等の	resultante	〜から作った
el doble	2倍	distribuir	配分する
al poco de…	〜したらすぐ	colocar	置く
encima	上に	irán	（未来形 <ir）行くだろう
calor 男	熱	consumirse	（水分が）消える
notemos	（接続法現在形 < notar）気がつく		
tostar	焼く	apagar	消す
apartar	離す	fuego 男	火
cubrir	覆う	paño 男 / trapo 男	布切れ
limpio	清潔な	reposar	休む
decorar	飾る	limón 男	レモン
server	（飲食物を）出す		

3. Sopa de ajo

Ingredientes (para 4 personas)
Una cabeza de ajo
150 gramos de jamón (puede usarse bacon o panceta)
2 ó 3 huevos
Media barra de pan
2 cucharaditas de pimentón
4 cucharadas de aceite de oliva
Litro y medio de agua
Perejil picado

Preparación

1. Pelar los ajos y cortarlos en trozos. Si el jamón o el bacon está en un bloque, cortarlo en taquitos.

2. Poner a calentar el aceite de oliva en una cazuela y rehogar los ajos a fuego lento unos 3 ó 4 minutos.

3. Añadir el jamón y rehogarlo otros 2 ó 3 minutos.

ニンニクスープ

　たっぷりのニンニクとオリーブオイルをつかった元気のつくスペインらしいスープ。寒いスペインの冬には欠かせない。

材料（4人分）	
ニンニク	1玉
生ハム（ベーコンのブロック、パンチェッタなどでもよい）	150グラム
卵	2,3個
フランスパン（バケット）	半分
パプリカ粉末	小さじ2杯
オリーブオイル	大さじ4杯
水	1.5リットル
パセリのみじん切り	

作り方

1. ニンニクの皮をむき、ザク切りにする。生ハムないしはベーコンがブロックの場合は細かいサイの目に切っておく。

2. 鍋にオリーブオイルを入れ、弱火で3、4分ニンニクを炒める。

3. ハムを加え、さらに2,3分炒める。

4. Añadir el pimentón y remover muy rápidamente o se quemará (se puede apagar el fuego para más tranquilidad).

5. Una vez bien removido, añadir el agua, mezclar y dejar que cueza a fuego medio durante unos 20 minutos.

6. Cuando los ajos estén blandos, deshacerlos aplastándolos.

7. Cortar el pan en trozos de 2 ó 3 centímetros y añadirlo a la sopa.

8. Cuando el pan haya absorbido bien el caldo, añadir el huevo batido poco a poco. Mezclar un poco para que se quede en hilos. Servir en un cuenco o plato hondo y añadir un poco de perejil picado al gusto.

語句

cabeza de ajo 女	ニンニク1玉
poder	～でもよい
bacon 男	ベーコン
medio[a]	半分の
cucharadita 女	小さじ1杯
cucharada 女	大さじ1杯
pelar	皮をむく
bloque 男	ブロック、かたまり
taquito 男	小さい角切り、サイの目
poner	入れる
cazuela 女	鍋
a fuego lento	弱火で
jamón 男	生ハム
usar	使う
panceta 女	パンチェッタ
barra de pan 女	バゲット
pimentón 男	パプリカ（パウダー）
litro y medio	1リットル半
cortar	切る
calentar	温める
rehogar	軽く炒める
añadir	加える

レシピ 3　ニンニクスープ

4. パプリカを加え、焦げないように急いでかき混ぜる（あわてないように火を消してもよい）。

5. よくかき混ぜたら、水を入れて混ぜる。中火にして 20 分程度煮る。

6. ニンニクが柔らかくなったら、押しつぶす。

7. パンを 2, 3 センチ角に切り、スープに入れる。

8. パンが十分スープを吸ったら、溶き卵を少しずつ入れる。卵が固まらないように少し混ぜる。ボールか深皿によそい、好みでパセリのみじん切りを少々のせる。

otros	さらに	remover	かき混ぜる
rápidamente	早く		
se quemará	（未来形 <quemarse）焦げるでしょう		
se puede	〜してもよい	apagar	消す
fuego 男	火	tranquilidad 女	落ち着き
dejar	〜させる		
cueza	（接続法現在 <cocer）煮る		
a fuego medio	中火で	durante	〜の間
estar blando	柔らかい	deshacer	くずす
aplastando	（現在分詞 <aplastar）つぶしながら		
aborber	吸う	batir	かき混ぜる
quedarse en hilos		糸状になる（固まってしまわない）	
al gusto	好みで		

食の単語力

料理の動詞表現②

《料理する》

cocinar	料理する
cocinar una paella	パエリャを料理する
preparar	作る、料理する
preparar el caldo[la carne]	ブイヨンをつくる[肉を料理する]

《切る》

cortar	切る
cortar ... en cuadros [en trocitos, en rodajas]	角切りにする[細かく切る、輪切りにする]
partir	割る
partir la sandía por la mitad	スイカを半分に割る
pelar	皮をむく
pelar el tomate	トマトの皮をむく
picar	みじん切りにする
picar la cebolla	タマネギを細かく刻む

《手を加える》

añadir / agregar	加える
añadir sal y pimiento al gusto	塩、コショウを好みで加える
batir	ホイップする、泡立てる
batir los huevos	卵をかきまぜる
colocar	置く
colocar las gambas encima	上にエビをのせる
dar la vuelta a ...	〜を裏返す
dar la vuelta a la tortilla	トルティーリャを裏返す

レシピ 3　ニンニクスープ

echar	入れる、注ぐ
echar agua[sal]	水[塩]を注ぐ[入れる]
exprimir	（果汁などを）絞る
exprimir un limón	レモンを絞る
machacar	押しつぶす
machacar los ajos en un mortero	乳鉢でニンニクをすりつぶす
meter	入れる
meter las patatas al huevo[en el bol]	ジャガイモを卵に[ボールに]入れる
mezclar	混ぜ合わせる
mezclar todo	全部を混ぜ合わせる
poner	入れる
poner aceite en una sartén	フライパンにオイルを入れる
remover	かき混ぜる
remover las patatas	ジャガイモをかき混ぜる
tapar	ふたをする
tapar la olla	鍋にふたをする

《水や液体》

escurrir	（水分を）切る
escurrir la verdura	野菜の水を切る
lavar	洗う
lavar el pescado	魚をきれいにする
mojar	浸す
mojar... en la leche	〜を牛乳に浸す
verter	注ぐ
verter la salsa	ソースを注ぐ

4 Arroz con leche

Ingredientes (para 4 personas)
6 cucharadas de arroz

750 mililitros de leche

8 cucharadas de azúcar

La piel de un limón

2 ó 3 palitos de canela en rama

Un poco de canela en polvo

Preparación

1. Cocemos el arroz en abundante agua durante 10 minutos.

2. En otro cazo calentamos la leche junto con la piel del limón y la canela en rama.

3. Una vez cocido el arroz, lo escurrimos y lo introducimos en la leche. Dejamos cocer unos 12 minutos.

4. Apagamos el fuego, añadimos el azúcar, removemos bien. Retiramos la piel del limón y la canela.

アロス・コン・レチェ

　お米とミルクの組み合わせは日本人には違和感があるかもしれないが、スペインでは最もポピュラーなデザートのひとつ。慣れるとやみつきになる。

材料（4人分）	
米	大さじ6杯
牛乳	750cc
砂糖（グラニュー糖）	大さじ8杯
レモンの皮	1個分
シナモンスティック	2，3本
シナモンパウダー	少々

作り方

1. たっぷりのお湯で米を10分ほど炊く。

2. 別の片手鍋で、レモンの皮、シナモンスティックを入れた牛乳を温める。

3. 米が煮えたら、お湯を切って、牛乳の中に入れる。さらに12分程度煮る。

4. 火を止めて、砂糖を加え、十分かき混ぜる。レモンの皮やシナモンを取り除く。

5. Lo ponemos en un recipiente y lo metemos en la nevera.

6. Se sirve en cuencos y se añade canela en polvo al gusto.

粉末のパプリカ

語句

arroz 男	米	leche 女	牛乳
mililitro 男	ミリリットル	azúcar 男	砂糖
piel	皮	limón 男	レモン
palito 男	スティック		
canela en rama 女	シナモンスティック		
en polvo	粉末の	cocer	煮る
abundante	たっぷりの	agua 女	水
cazo 男	片手鍋	calentar	温める
escurrir	水気をきる	introducir	入れる
dejar	〜させておく	apagar	消す
fuego 男	火	añadir	加える
remover	かき混ぜる	retirar	取り除く
poner	入れる	recipiente 男	容器
enfriar	冷やす	nevera 女	冷蔵庫
servir	(飲食物を)出す	al gusto	好みで

5. 容器に入れて冷蔵庫で冷やす。

6. 深めの器に分け、好みで粉末のシナモンパウダーをふりかける。

食の単語力

料理の動詞表現③

《味付け》

aliñar / sazonar / aderezar	（サラダなどの）味つけをする
aliñar la ensalada con aceite y vinagre	オイルとビネガーでサラダに味つけをする
condimentar	調味する
salpimentar	塩コショウで味付ける

《その他》

ahumar	燻製にする
ahumar el pescado	魚を燻製にする
congelar	冷凍する
congelar el pescado	魚を冷凍する
decorar	飾る
decorar la paella con limón	パエリャをレモンで飾りつけをする
descongelar	解凍する
descongelar el pollo	鶏を解凍する
rellenar	（ひき肉などを）詰める
rellenar los pimientos	ピーマンに肉詰めをする
servir	（飲食物を）供する、取り分ける
servir ...en un recipiente	容器に〜をよそう
rebozar	衣をつける
rebozar los calamares	イカに衣をつける

レシピの文法

料理のレシピには、その料理に使われる食材、調味料が示された後、作り方の手順が説明される。日本語のレシピなら、「〜を切る」「10分間煮る」「よく混ぜる」とか「これに〜を加える」のような表現が一般的だ。スペイン語ではもう少しバラエティーがある。命令するのではなく、指示する表現には何通りかある。本書で見たレシピにも用いられている一般的な動詞形は1人称複数形であることに気がつくだろう。

Picamos la cebolla y cortamos las patatas en cuadrados.
「タマネギをみじん切りにし、ジャガイモを角切りにする」

Añadimos sal al gusto y mezclamos.
「好みで塩を加え、混ぜ合わせる」

スペイン語のテレビ料理番組でもこれが最も普通の表現だ。「私たち」を出さない表現もある。再帰受身だ。いかにも難しそうだが、スペイン語ではごく普通の形式だ。

Aquí se venden postales.
「絵はがきが売られている」

postales「絵はがき」が主語で、se venden はこれに一致し3人称複数形になっている。「パンが売られている」なら Aquí se vende pan. となる。同じようにレシピでも、

Se corta el ajo en unos 6 u 8 trozos.
「ニンニクが6ないし8切れに刻まれる」

Se añade canela en polvo al gusto.
「好みでシナモンパウダーが加えられる」

のような言い方をし、実は、刻んでください、加えてください、と指示しているわけだ。これは話し言葉でも使われるが、書かれたレシピなどでは多用されている。よりシンプルな表現は動詞の不定形（辞書の見出しの形）を使う手がある。こちらは書き言葉専用だ。

Añadir el azafrán y mezclar bien.
「サフランを加え、よく混ぜる」

Cocer el arroz en abundante agua durante 10 minutos.
「米をたっぷりのお湯で10分間炊く」

となるが、これは日本語で「よく混ぜること」「炊くこと」というのに相当するだろう。動詞を変化させなくてもいいので簡単だが、そっけない感じがする。女性雑誌などの料理コーナーに載せてあるレシピなどでは、2人称単数形、つまり tú の動詞形が用いられるが、より連帯感が出るのだろうか。

西和索引

各課の 語句と表現 、 食の単語力 に出てくる語いから基本的な単語を抽出しています。頁は主要箇所のみを表示しています。

a

a la carta　アラカルト、一品料理　39
abrelatas 男　缶切り　165
aceite de oliva 男　オリーブオイル　142, 147
aceituna 女　オリーブの実　45, 51
agua 女　水　19, 157
agua caliente 女　湯　19
agua mineral sin gas [con gas] 女　炭酸なしの［炭酸入りの］ミネラルウォーター　19
aguardiente 男　蒸留酒　81
ajo 男　ニンニク　95, 142, 147
albahaca 女　バジル　147
alcachofa 女　アーティチョーク　89
alimento elaborado 男　加工食品　95
alimento natural 男　自然食品　95
alioli 男　アリオリ　147
almeja 女　アサリ　97, 123
almendra 女　アーモンド　95
almuerzo 男　昼食　13
amargo　苦い　25
anchoa 女　アンチョビ　123
anguila 女　ウナギ　123
angula 女　ウナギの稚魚　123
anís 男　アニス酒　31, 107
aparador 男　食器棚　161
aperitivo 男　食前酒　39, 81
apio 男　セロリ　89
arándano 男　ブルーベリー　135
arroz 男　米　95, 97
asar　焼く　167
atún 男　マグロ　123
azafrán 男　サフラン　97, 147
azúcar 男　砂糖　147

b

bacalao 男　タラ　75, 123
bar 男　バル　31
barra de pan 女　バゲット　7
báscula 女　秤（はかり）　164
batidora 女　ミキサー　165
bebida 女　飲み物　19, 31, 129
bebida alcohólica 女　アルコール飲料　81
berberecho 男　ザル貝　123
berenjena 女　ナス　89, 91
besugo 男　タイ　75, 123
bistec 男　ステーキ　63
bizcocho 男　カステラ　7
blando　やわらかい　25
bocadillo 男　ボカディージョ（フランスパンのサンドイッチ）

20, 39
bodega ㊛ 酒蔵、醸造元 107
bogavante ㊚ オマールエビ 123
bollo ㊚ 菓子パン 7
bolsa ㊛ 袋 166
bolsa de plástico ㊛ レジ袋 129
boniato ㊚ サツマイモ 89
bonito ㊚ カツオ 123
boquerón ㊚ カタクチイワシ 40, 45
botella ㊛ 瓶 151, 157, 166
brandy ㊚ ブランデー 81
brécol ㊚ ブロッコリー 89
bueno おいしい 25, 47

c

cacahuete ㊚ ピーナッツ 95
café ㊚ コーヒー 2, 7
café con leche ㊚ カフェオレ 3, 7, 19
café cortado ㊚ コルタード 7, 19, 64
café solo ㊚ ブラックコーヒー 19
caja ㊛ レジ 129
caja ㊛ 箱 166
calabacín ㊚ ズッキーニ 89
calabaza ㊛ カボチャ 89
calamar ㊚ イカ 40, 45, 75, 97, 123
caldo ㊚ ブイヨン 85, 147
calentar 温める、熱くする 167

caliente 熱い 25
callos ㊚㊗ 胃袋の煮込み 62
camarero ㊚ ウェイター 3
canela ㊛ シナモン 147
cangrejo ㊚ カニ 123
caña ㊛ グラスの生ビール 31, 35, 81
caracol ㊚ カタツムリ 45, 123
carne ㊛ 肉 63, 84
carne de vaca ㊛ 牛肉 63
carnicería ㊛ 精肉店、肉売場 129
carta ㊛ メニュー 39, 70
castaña ㊛ クリ 95, 135
cava ㊚ カバ（カタルーニャ原産のスパーリングワイン) 81, 102, 107
cebada ㊛ 大麦 95
cebolla ㊛ タマネギ 89, 90
cena ㊛ 夕食 8, 13
cenar 夕食をとる 13
centollo ㊚ 毛ガニ 123
centro comercial ㊚ ショッピングセンター 129
cerámica ㊛ 陶器 161
cerdo ㊚ 豚肉 63
cereza ㊛ サクランボ 135
cervecería ㊛ ビアホール 31
cerveza ㊛ ビール 31, 81
cerveza de barril ㊛ 生ビール 81
cerveza en botella ㊛ 瓶ビール 81
cerveza en lata ㊛ 缶ビール 81
cesta ㊛ 買い物かご 129

champán 男 シャンパン 31, 81, 151
champiñón 男 マッシュルーム 41, 45, 95
charcutería 女 豚肉加工食品、豚肉加工品店［売場］ 129, 141
¡Chinchín! 乾杯！ 155
chipirón 男 小イカ 75, 123
chirimoya 女 チリモヤ 135
chorizo 男 チョリソ（ソーセージ） 84, 141
chuleta 女 チョップ 58, 63, 70
chupito 男 一口の酒 81
churro 男 チュロ 7
cigala テナガエビ 123
ciruela 女 プラム 135
cocer 煮る 167
cocinar 料理する 186
cochinillo 男 子豚 63
cocido 男 煮込み 59
codorniz 女 ウズラ 63
coliflor カリフラワー 89
comedor 男 食堂 156
comer 食べる、昼食をとる 13, 102
comer fuera 外食する 39
comida 女 昼食、食事 13, 102
consigna 女 荷物預かり所 129
coñac 男 ブランデー 31, 76, 81
condimento 男 調味料 147
conejo 男 ウサギ 63
congelador 男 冷凍庫 165
congelados 男(複) 冷凍食品 129, 175
consomé 男 コンソメ 57
copa 女 （脚つき）グラス 161

cordero 男 子羊肉 58, 63
cortado → café cortado
costilla 女 リブ 63
crema catalana 女 クリーム・ブリュレ 69
croissant / cruasán 男 クロワッサン 7
croqueta 女 コロッケ 45
crudo 生の 175
cuajada 女 クアハダ 69
cuajar 固める 167
cubalibre 男 クバリブレ 31
cuchara 女 スプーン 161
cucharón おたま 165
cuchillo 男 ナイフ、包丁 161, 164
cuenta 女 勘定書き 39

d

delantal 男 エプロン 161
dependiente 男 店員 124
desayunar 朝食をとる 13
desayuno 男 朝食 13
digestivo 男 食後酒 81
dividir la cuenta 割り勘にする 39
dulce 男 甘い 25
dulces 男(複) スイーツ 69
duro 硬い 25

e

embutido 男 腸詰 141
enfriar 冷やす 167

ensalada 女　サラダ　52, 57, 70
entremés 男 / entrante 男　前菜、オードブル　51, 52
erizo de mar 男　ウニ　123
escurridor 男　ざる　164
espaguetis 男複　スパゲティー　57
espárrago 男　アスパラガス　89
especia 女　香辛料　147
espinaca 女　ホウレンソウ　89
estofado 男　シチュー　162
estómago 男　胃　118

f

filete de ternera 男　子牛のステーキ　58, 70
film transparente 男　ラップ　165
flan 男　プリン　69
frambuesa 女　ラズベリー　135
freír　揚げる、炒める　167
fresa 女　イチゴ　135
frigorífico 男 / nevera 女 / refrigerador 男　冷蔵庫　157, 165
frío　冷たい　25, 102
frito 男　フライ　45, 51, 75
fruto seco 男　ドライフルーツ　95
fuente 女　大皿　161

g

galleta 女　ビスケット　7

gamba 女　エビ、小エビ、芝エビ　45, 97, 123, 142
garbanzo 男　ヒヨコマメ　84, 95
gastronomía 女　グルメ　155
gazpacho 男　ガスパチョ　57
ginebra 女　ジン　31, 81
granada 女　ザクロ　135
granizado 男　フローズンドリンク　19
guindilla 女　トウガラシ　147
guisante 男　グリーンピース　95

h

haba 女　ソラマメ　95
hambre 女　空腹　2, 40, 155
hamburguesa 女　ハンバーガー　21
harina 女　小麦粉　95, 147
helado 男　アイスクリーム　69
hervidor 男　やかん　164
hervir　沸かす　167
hielo 男　氷　19
higo 男　イチジク　135
hipermercado 男　大規模スーパー　129
horchata 女　オルチャタ　19
horno 男　オーブン　90, 165, 175
huevo 男　卵　2, 7
huevo cocido [duro] 男　ゆで卵　7
huevo frito 男　目玉焼き　7
huevos revueltos 男複　スクランブルエッグ　2

197

i

infusión 女　ハーブティー　19
invitar　おごる　39

j

jamón (serrano) 男　生ハム　20, 45, 51, 125, 136, 141
jerez 男　シェリー　31, 102, 107
judía 女　インゲン　95, 97

k

ketchup 男　ケチャップ　147

l

langosta 女　ロブスター　123
langostino 男　車エビ　123
lata 女　缶詰、缶　166, 175
lavar　洗う　187
leche 女　ミルク　7, 19
lechuga 女　レタス　57, 89
legumbre 女　豆　95
lenguado 男　シタビラメ　123
lenteja 女　レンズマメ　95
licor 男　リキュール　76, 81
licuadora 女　ジューサー　165
limón 男　レモン　135
limonada 女　レモネード　19
lomo 男　ロース　63
lubina 女　スズキ　123

m

macarrones 男(複)　マカロニ　57
maduro　熟した　25
magdalena 女　マドレーヌ　7
maíz 男　トウモロコシ　95
malo　おいしくない　25
mandarina 女　ミカン　135
manopla 女　鍋つかみ　164
mantel 男　テーブルクロス　161
mantequilla 女　バター　7, 147
manzana 女　リンゴ　64, 135
manzanilla 女　カモミールティー　19
marisco　魚介類（エビ・カニ・貝類）　75, 123
mayonesa 女　マヨネーズ　147
mejillón 男　ムール貝　45, 97, 123
melocotón 男　モモ　135
melón 男　メロン　135
membrillo 男　マルメロ　135
menta 女　ミント　147
menú 男　コース料理　39
menú del dia 男　日替り定食　39, 70
mercado 男　市場　118
merendar　軽食をつまむ　8, 13
merienda 女　軽食、メリエンダ　13
merluza　メルルーサ　75, 123
mermelada 女　ジャム　7, 147
mesa 女　テーブル、食卓　34, 157
mesón 男　居酒屋　31

198

microondas 男　電子レンジ　165
miel 女　ハチミツ　147
morcilla 女　モルシーリャ　141

n

nabo 男　カブ、大根　89
naranja 女　オレンジ　130, 135
natillas 女(複)　ブリュレ　69
navaja 女　マテ貝　123
nevera → frigorífico
níspero 男　ビワ　135
nuez 女　クルミ　95

o

oferta 女　特売品　129
ostra 女　カキ　123

p

paella 女　パエリャ　57, 96, 176
paleta 女　フライ返し　164
palillos 男(複)　箸　161
pan 男　パン　7
pan de molde 男　食パン　7
panadería 女　パン店［売場］　129
papel de aluminio 男　アルミホイル　165
paquete 男　包み、パッケージ　166
para llevar　テイクアウトで　39
parrillada 女　網焼き、バーベキュー　75, 175

pasa 女　干しブドウ　95
pastel 男　ケーキ　69
patata 女　ジャガイモ　85, 89
pato 男　カモ肉　63
pedir　注文する　39, 76
pepino 男　キュウリ　89
pera 女　ナシ　135
percebe 男　カメノテ　123
perdiz 女　シャコ　63
perejil 男　パセリ　147
pescadería 女　鮮魚店、鮮魚売場　129
pescado 男　魚　75, 123
pescadito 男　小魚　45, 51
pimentón 男　パプリカ　147
pimienta 女　コショウ　147
pimiento 男　ピーマン　57, 89, 90, 97
piña 女　パイナップル　135
piñón 男　松の実　95
pistacho 男　ピスタチオ　95
pizza 女　ピザ　21
plátano 男　バナナ　135
platillo 男　小皿　161
plato 男　皿、料理　39, 84, 156, 161
pollo 男　鶏肉　63, 96
pomelo 男　グレープフルーツ　135
porcelana 女　磁器　161
posavasos 男　コースター　161
postre 男　デザート　51, 64, 69
preparar　作る、料理する　186
primer plato 男　1皿目　51
propina 女　チップ　39

puerro 男　ポロネギ　89
pulpo 男　タコ　45, 51, 123

q

¿Qué tal...?　～はいかがですか？　64
queso 男　チーズ　20, 51, 125, 136, 141

r

rábano 男　ラディッシュ　89
rape 男　アンコウ　123
rebaja 女　セール　129
receta 女　レシピ　96, 175
refresco 男　清涼飲料　19, 35
repollo 男 / col 女　キャベツ　89
reservar　予約する　47
restaurante 男　レストラン　14
rico　おいしい　25, 64
romero 男　ローズマリー　147
ron 男　ラム酒　81

s

sabor 男　味　175
sacacorchos 男　コルク抜き　124, 165
sal 女　塩　147
salado　塩辛い　25
salmón 男　サケ　123
salsa 女　ソース　147
salsa de soja 女　醤油　147
¡Salud!　乾杯！　155

salvamanteles 男　鍋敷き、テーブルマット　161, 164
sandía 女　スイカ　135
sándwich 男　サンドイッチ　39
sangría 女　サングリア　31, 107
sardina 女　イワシ　123
sartén 女　フライパン　164
seco [dulce, semiseco]　辛口の［甘口の、セミドライの］　81, 107
sed 女　のどの渇き　34, 155
segundo plato 男　主菜、メイン料理、2皿目　51
sepia 女　コウイカ　123
servilleta 女　ナプキン　161
sésamo 男　ゴマ　95
seta 女　キノコ　95
sidra 女　リンゴ酒　107
soja 女　大豆　95
solomillo 男　ヒレ　63
sopa de ajo 女　ニンニクスープ　52
sopa de mariscos 女　海の幸スープ　52, 57
sopa de verduras 女　野菜スープ　57
sorbete 男　シャーベット　69
soso　味のない　25
supermercado 男　スーパーマーケット、124, 129

t

taberna 女　居酒屋、酒場　31
tabla de picar 女　まな板　164
tamiz 男　ふるい　164

tapa 女　タパス、つまみ　40
tapa 女 / tapadera 女　ふた　164
tapear　つまむ　13
tarta 女　タルト　65, 69
tarta de queso 女　チーズケーキ　69
taza 女　カップ　161
té 男　紅茶　7
té con limón [leche] 男　レモン［ミルク］ティー　7
tenedor 男　フォーク　47, 161
ternera 女　子牛肉　63
terraza 女　テラス　35
tocino 男　ベーコン　59, 85
tomate 男　トマト　57, 89, 97
tónica 女　トニックウォーター　19
toltilla　トルティーリャ　45, 170
tostada 女　トースト　3
tostador 男　トースター　165
trigo 男　小麦　95
trucha 女　マス　59, 75, 123
turrón 男　トゥロン　69

u

un pincho de...　〜1切れ　41, 45
una ratión de... 女　〜1人前　41, 45
uva 女　ブドウ　131, 135, 151

v

vajilla 女　器、食器　161
vasija 女　容器　165
vaso 男　コップ　161
vaso graduado 男　計量カップ　164
vegetariano [a] 男 / 女　菜食主義者　155
verde　熟していない　25
verdulería 女　青果店、野菜売場　129
verdura 女　野菜　57, 85, 89, 91
vieira 女　ホタテ　123
vinagre 男　酢　45, 147
vino 男　ワイン　103, 157
vino blanco 男　白ワイン　31, 107
vino de la casa 男　ハウスワイン　81
vino rosado 男　ロゼ　31, 107
vino tinto 男　赤ワイン　31, 107

w

whisky 男　ウイスキー　81

xyz

yogur 男　ヨーグルト　7
zanahoria 女　ニンジン　89
zarzuela 女　ブイヤベース　75
zumo de naranja [tomate] 男　オレンジ［トマト］ジュース　3, 19

和西索引

1

～1切れ　un pincho de...　41, 45
1皿目　primer plato 男　51
～1人前　una ración de... 女　41, 45

あ行

アーティチョーク　alcachofa 女　89
アーモンド　almendra 女　95
アイスクリーム　helado 男　69
赤ワイン　vino tinto 男　31, 107
揚げる、炒める　freír　167
アサリ　almeja 女　97, 123
味　sabor 男　175
味のない　soso　25
アスパラガス　espárrago 男　89
温める、熱くする　calentar　167
熱い　caliente　25
アニス酒　anís 男　31, 107
甘い　dulce 男　25
網焼き、バーベキュー　parrillada 女　75, 175
洗う　lavar　187
アラカルト、一品料理　a la carta　39
アリオリ　alioli 男　147
アルコール飲料　bebida alcohólica 女　81
アルミホイル　papel de aluminio 男　165
アンコウ　rape 男　123
アンチョビ　anchoa 女　123
胃　estómago 男　118
イカ　calamar 男　40, 45, 75, 97, 123
居酒屋　mesón 男　31
居酒屋、酒場　taberna 女　31
イチゴ　fresa 女　135
イチジク　higo 男　135
胃袋の煮込み　callos 男(複)　63
イワシ　sardine 女　123
インゲン　judía 女　95, 97
ウイスキー　whisky 男　81
ウェイター　camarero 男　2
ウサギ　conejo 男　63
ウズラ　codorniz 女　63
器、食器　vajilla 女　161
ウナギ　anguila 女　123
ウナギの稚魚　angula 女　123
ウニ　erizo de mar 男　123
海の幸スープ　sopa de mariscos 女　52, 57
エビ、小エビ、芝エビ　gamba 女　45, 97, 123, 142
エプロン　delantal 男　161
おいしい　bueno　25, 47
おいしい　rico　25, 64
おいしくない　malo　25

大皿　fuente ㊛　90, 161, 175
オーブン　horno ㊚　90, 165, 175
大麦　cebada ㊛　95
おごる　invitar　39
おたま　cucharón ㊚　165
オマールエビ　bogavante ㊚　123
オリーブオイル　aceite de oliva ㊚　142, 147
オリーブの実　aceituna ㊛　45, 51
オルチャタ　horchata ㊚　19
オレンジ　naranja ㊛　130, 135
オレンジ［トマト］ジュース　zumo de naranja [tomate] ㊚　3, 19

か行

外食する　comer fuera　39
買い物かご　cesta ㊛　129
カキ　ostra ㊛　123
加工食品　alimento elaborado ㊚　95
菓子パン　bollo ㊚　7
カステラ　bizcocho ㊚　7
ガスパチョ　gazpacho ㊚　57
硬い　duro　25
カタクチイワシ　boquerón ㊚　40, 45
カタツムリ　caracol ㊚　45, 123
固める　cuajar　167
カツオ　bonito ㊚　123
カップ　taza ㊛　161

カニ　cangrejo ㊚　123
カバ（カタルーニャ原産のスパークリングワイン）　cava ㊚　81, 102, 107
カブ、大根　nabo ㊚　89
カフェオレ　café con leche ㊚　3, 7, 19
カボチャ　calabaza ㊛　89
カメノテ　percebe ㊚　123
カモ肉　pato ㊚　63
カモミールティー　manzanilla ㊛　19
辛口の［甘口の、セミドライの］　seco [dulce, semiseco]　81, 107
カリフラワー　coliflor ㊛　89
缶切り　abrelatas ㊚　165
勘定書き　cuenta ㊛　39
缶詰、缶　lata ㊛　166, 175
乾杯！　¡Chinchín!　155
乾杯！　¡Salud!　155
缶ビール　cerveza en lata ㊛　81
キノコ　seta ㊛　95
キャベツ　repollo ㊚ / col ㊛　89
牛肉　carne de vaca ㊛　63
キュウリ　pepino ㊚　89
魚介類（エビ・カニ・貝類）　marisco　123
クアハダ　cuajada ㊛　69
空腹　hambre ㊛　2, 40, 155
クバリブレ　cubalibre ㊚　31
（脚つき）グラス　copa ㊛　161
グラスの生ビール　caña ㊛　31, 35, 81

クリ　castaña　⼥　95, 135
クリーム・ブリュレ　crema catalana　⼥　69
グリーンピース　guisante　男　95
車エビ　langostino　男　123
クルミ　nuez　⼥　95
グルメ　gastronomía　⼥　155
グレープフルーツ　pomelo　男　135
クロワッサン　croissant / cruasán　男　7
軽食、メリエンダ　merienda　⼥　13
軽食をつまむ　merendar　8, 13
計量カップ　vaso graduado　男　164
ケーキ　pastel　男　69
毛ガニ　centollo　男　123
ケチャップ　ketchup　男　147
小イカ　chipirón　男　75, 123
コウイカ　sepia　⼥　123
小牛のステーキ　filete de ternera　男　58, 70
香辛料　especia　⼥　147
紅茶　té　男　7
コースター　posavasos　男　161
コース料理　menú　男　39
コーヒー　café　男　2, 7
氷　hielo　男　19
子牛肉　ternera　⼥　63
小魚　pescadito　男　45, 51
小皿　platillo　男　161
コショウ　pimienta　⼥　147
コップ　vaso　男　161

子羊肉　cordero　男　58, 63
子豚　cochinillo　男　63
ゴマ　sésamo　男　95
小麦　trigo　男　95
小麦粉　harina　⼥　95, 147
米　arroz　男　95, 97
コルク抜き　sacacorchos　男　124, 165
コルタード　café cortado　男　7, 19, 64
コロッケ　croqueta　⼥　45
コンソメ　consomé　男　57

さ行

菜食主義者　vegetariano[a]　男 / ⼥　155
酒蔵、醸造元　bodega　⼥　107
魚　pescado　男　75, 123
サクランボ　cereza　⼥　135
ザクロ　granada　⼥　135
サケ　salmón　男　123
サツマイモ　boniato　男　89
砂糖　azúcar　男　147
サフラン　azafrán　男　97, 147
皿、料理　plato　男　39, 84, 156, 161
サラダ　ensalada　⼥　52, 57, 70
ざる　escurridor　男　164
ザル貝　berberecho　男　123
サングリア　sangría　⼥　31, 107
サンドイッチ　sándwich　男　39
シェリー　jerez　男　31, 102, 107
塩　sal　⼥　147

塩辛い　salado　25
磁器　porcelana ㊛　161
市場　mercado ㊚　118
自然食品　alimento natural ㊚　95
シタビラメ　lenguado ㊚　123
シチュー　estofado ㊚　162
シナモン　canela ㊛　147
シャーベット　sorbete ㊚　69
ジャガイモ　patata ㊛　85, 89
シャコ　perdiz ㊛　63
ジャム　mermelada ㊛　7, 147
シャンパン　champán ㊚　31, 81, 151
ジューサー　licuadora ㊛　165
熟した　maduro　25
熟していない　verde　25
主菜、メイン料理、2皿目　segundo plato ㊚　51
醤油　salsa de soja ㊛　147
蒸留酒　aguardiente ㊚　81
食後酒　digestivo ㊚　81
食前酒　aperitivo ㊚　39, 81
食堂　comedor ㊚　156
食パン　pan de molde ㊚　7
食器棚　aparador ㊚　161
ショッピングセンター　centro comercial ㊚　129
白ワイン　vino blanco ㊚　31, 107
ジン　ginebra ㊛　31, 81
酢　vinagre ㊚　45, 147
スイーツ　dulces ㊚（複）　69
スイカ　sandía ㊛　135

スーパーマーケット　supermercado ㊚　124, 129
スクランブルエッグ　huevos revueltos ㊚（複）　2
スズキ　lubina ㊛　123
ズッキーニ　calabacín ㊚　89
ステーキ　bistec ㊚　63
スパゲティー　espaguetis ㊚（複）　57
スプーン　cuchara ㊛　161
青果店、野菜売場　verdulería ㊛　129
精肉店、肉売場　carnicería ㊛　129
清涼飲料　refresco ㊚　19, 35
セール　rebaja ㊛　129
セロリ　apio ㊚　89
鮮魚店、鮮魚売場　pescadería ㊛　129
前菜、オードブル　entremés ㊚ / entrante ㊚　51, 52
ソース　salsa ㊛　147
ソラマメ　haba ㊛　95

た行

タイ　besugo ㊚　75, 123
大規模スーパー　hipermercado ㊚　129
大豆　soja ㊛　95
タコ　pulpo ㊚　45, 51, 123
タパス、つまみ　tapa ㊛　41
食べる、昼食をとる　comer　13
卵　huevo ㊚　2, 7

タマネギ　cebolla ⓦ　89, 90
タラ　bacalao ⓜ　75, 123
タルト　tarta ⓦ　65, 69
炭酸なしの［炭酸入りの］ミネラルウォーター　aqua mineral sin gas [con gas] ⓦ　19
チーズ　queso ⓜ　20, 51, 125, 136, 141
チーズケーキ　tarta de queso ⓦ　69
チップ　propina ⓦ　39
昼食　almuerzo ⓜ　13
昼食、食事　comida ⓦ　13, 102
注文する　pedir　39, 76
チュロ　churro ⓜ　7
朝食　desayuno ⓜ　13
朝食をとる　desayunar　13
腸詰　embutido ⓜ　141
調味料　condimento ⓜ　147
チョップ　chuleta ⓦ　58, 63, 70
チョリソ（ソーセージ）　chorizo ⓜ　84, 141
チリモヤ　chirimoya ⓦ　135
作る、料理する　preparar　186
包み、パッケージ　paquete ⓜ　166
つまむ　tapear　13
冷たい　frío　25, 65, 103
テイクアウトで　para llevar　39
テーブル、食卓　mesa ⓦ　34, 157
テーブルクロス　mantel ⓜ　161
デザート　postre ⓜ　51, 64, 69
テナガエビ　cigala ⓦ　123

テラス　terraza ⓦ　35
店員　dependiente　125
電子レンジ　microondas ⓜ　165
トウガラシ　guindilla ⓦ　147
陶器　cerámica ⓦ　161
トウモロコシ　maíz ⓜ　95
トゥロン　turrón ⓜ　69
トースター　tostador ⓜ　165
トースト　tostada ⓦ　3
特売品　oferta ⓦ　129
トニックウォーター　tónica ⓦ　19
トマト　tomate ⓜ　57, 89, 97
ドライフルーツ　fruto seco ⓜ　95
鶏肉　pollo ⓜ　63, 96
トルティーリャ　tortilla　45, 170

な行

ナイフ、包丁　cuchillo ⓜ　161, 164
ナシ　pera ⓦ　135
ナス　berenjena ⓦ　89, 91
ナプキン　servilleta ⓦ　161
鍋敷き、テーブルマット　salvamanteles ⓜ　164
鍋つかみ　manopla ⓦ　164
生の　crudo　175
生ハム　jamón (serrano) ⓜ　20, 45, 51, 125, 136, 141
生ビール　cerveza de barril ⓦ　81
苦い　amargo　25

肉　carne ㊛　63, 85
煮込み　cocido ㊚　59
荷物預かり所　consigna ㊛　129
煮る　cocer　167
ニンジン　zanahoria ㊛　89
ニンニク　ajo ㊚　95, 143, 147
ニンニクスープ　sopa de ajo ㊛　52
のどの渇き　sed ㊛　34, 155
飲み物　bebida ㊛　19, 31, 129

は行

ハーブティー　infusión ㊛　19
〜はいかがですか？　Que tal...?　64
パイナップル　piña ㊛　135
ハウスワイン　vino de la casa ㊚　81
パエリャ　paella ㊛　57, 96, 176
秤（はかり）　balanza ㊛　164
バゲット　barra de pan ㊛　7
箱　caja ㊛　166
箸　palillos ㊚（複）　161
バジル　albahaca ㊛　147
パセリ　perejil ㊚　147
バター　mantequilla ㊛　7, 147
ハチミツ　miel ㊛　147
バナナ　plátano ㊚　135
パプリカ　pimentón ㊚　147
バル　bar ㊚　31
パン　pan ㊚　7
パン店［売場］　panadería ㊛　129

ハンバーガー　hamburguesa ㊛　21
ビアホール　celvecería ㊛　31
ピーナッツ　cacahuete ㊚　95
ピーマン　pimiento ㊚　57, 89, 90, 97
ビール　cerveza ㊛　31, 81
日替り定食　menú del día ㊚　39, 70
ピザ　pizza ㊛　21
ビスケット　galleta ㊛　7
ピスタチオ　pistacho ㊚　95
一口の酒　chupito ㊚　81
冷やす　enfriar　167
ヒヨコマメ　garbanzo ㊚　84, 95
ヒレ　solomillo ㊚　63
ビワ　níspero ㊚　135
瓶　botella ㊛　157, 166
瓶ビール　cerveza en botella ㊛　81
ブイヤベース　zarzuela ㊛　75
ブイヨン　caldo ㊚　85, 147
フォーク　tenedor ㊚　47, 161
袋　bolsa ㊛　166
ふた　tapa ㊛ / tapadera ㊛　164
豚肉　cerdo ㊚　63
豚肉加工食品、豚肉加工品店［売場］　charcutería ㊛　129, 141
ブドウ　uva ㊛　131, 135, 151
フライ　frito ㊚　45, 51, 75
フライ返し　paleta ㊛　164
フライパン　sartén ㊛　164
ブラックコーヒー　café solo ㊚　19

プラム　ciruela 女　135
ブランデー　brandy 男　81
ブランデー　coñac 男　31, 76, 81
ブリュレ　natillas 女(複)　69
プリン　flan 男　69
ふるい　tamiz 男　164
ブルーベリー　arándano 男　135
フローズンドリンク　granizado 男　19
ブロッコリー　brécol 男　89
ベーコン　tocino 男　59, 85
ホウレンソウ　espinaca 女　89
ボカディージョ（フランスパンのサンドイッチ）　bocadillo 男　20, 39
干しブドウ　pasa 女　95
ホタテ　vieira 女　123
ポロネギ　puerro 男　89

ま行

マカロニ　macarrones 男(複)　57
マグロ　atún 男　123
マス　trucha 女　59, 75, 123
マッシュルーム　champiñón 男　41, 45, 95
松の実　piñón 男　95
マテ貝　navaja 女　123
マドレーヌ　magdalena 女　7
まな板　tabla de picar 女　164
豆　legumbre 女　95
マヨネーズ　mayonesa 女　147
マルメロ　membrillo 男　135
ミカン　mandarina 女　135

ミキサー　batidora 女　165
水　agua 女　19, 157
ミルク　leche 女　7, 19
ミント　menta 女　147
ムール貝　mejillón 男　45, 97, 123
目玉焼き　huevo frito 男　7
メニュー　carta 女　39, 71
メルルーサ　merluza　75, 123
メロン　melón 男　135
モモ　melocotón 男　135
モルシーリヤ　morcilla 女　141

や行

やかん　hervidor 男　164
焼く　asar　167
野菜　verdura 女　57, 85, 89, 91
野菜スープ　sopa de verduras 女　57
やわらかい　blando　25
湯　agua caliente 女　19
夕食　cena 女　8, 13
夕食をとる　cenar　13
ゆで卵　huevo cocido [duro] 男　7
容器　vasija 女　165
ヨーグルト　yogur 男　7
予約する　reservar　47

ら行

ラズベリー　frambuesa ㊛　135
ラップ　film transparente ㊚　165
ラディッシュ　rábano ㊚　89
ラム酒　ron ㊚　81
リキュール　licor ㊚　76, 81
リブ　costilla ㊛　63
料理する　cocinar　186
リンゴ　manzana ㊛　64, 135
リンゴ酒　sidra ㊛　107
冷蔵庫　frigorífico ㊚ / nevera ㊛ / refrigerador ㊚　157, 165
冷凍庫　congelador ㊚　165
冷凍食品　congelados ㊚（複）　127, 175
レジ　caja ㊛　129
レシピ　receta ㊛　96, 175
レジ袋　bolsa de plástico ㊛　129
レストラン　restaurante ㊚　14
レタス　lechuga ㊛　57, 89
レモネード　limonada ㊛　19
レモン　limón ㊚　135
レモン［ミルク］ティー　té con limón [leche] ㊚　7
レンズマメ　lenteja ㊛　95
ロース　lomo ㊚　63
ローズマリー　romero ㊚　147
ロゼ　vino rosado ㊚　31, 107
ロブスター　langosta ㊛　123

わ行

ワイン　vino ㊚　103, 157
沸かす　hervir　167
割り勘にする　dividir la cuenta　39

おいしいスペイン語 ¡Que aproveche!
マドリードやバルセロナで食べ歩くためのスペイン語

2016年10月3日　第1刷発行

著　者　　高垣　敏博

発行者　　浦　　晋　亮

発行所　　IBCパブリッシング株式会社
　　　　　〒162-0804 東京都新宿区中里町29番3号 菱秀神楽坂ビル9F
　　　　　Tel. 03-3513-4511 Fax. 03-3513-4512
　　　　　www.ibcpub.co.jp

印刷所　　株式会社シナノパブリッシングプレス

© 高垣敏博 2016

Printed in Japan

落丁本・乱丁本は、小社宛にお送りください。送料小社負担にてお取り替えいたします。
本書の無断複写（コピー）は著作権法上での例外を除き禁じられています。

ISBN978-4-7946-0438-5